MIMICRY SOCIETY

危機に対して擬態してやり過ごすミミクリーソサエティ。
擬態社会で生き残るためのサバイバルメソッドとは。

谷口正和
Masakazu Taniguchi

ライフデザインブックス新書

はじめに

日本は変わろうとしない人たちによって未だに社会が成り立っている。そのため、過去の教訓すら生かせずに、変われないまま時だけが過ぎている。翻って、世界を見渡せば常に変わり続けている。変化を拒み続ける者によって停滞し続けている日本の現実を目の当たりにすれば、いま、一人ひとりがサバイバル・マインドというものを求められていることに気づけるのではないだろうか。

あなたの未来は、あなた自身が切り開いていくしかない。今こそあなた自身が時代の牽引者として立ち上がる時なのではないだろうか。最初は誰もがたった一人の反乱者かもしれない。しかし、やがてその意志は、共感連鎖を生み出し社会へと広がっていくに違いない。

そしていま、コロナ・パンデミックで行き場がなくなり、世界で突然変異のようにして、今まで以上に物事の変化が起きている。日本もそれに追従するようにして変化しているように見える。この変化とその対処の仕方に、いまこの時代の新しい特徴がある。

その一つが、昆虫の中によくみられる『擬態』、生物学用語で言う『ミミクリー』である。サバイバルという視点からみると、擬態というのは、周囲に紛れ込み、生き延びることであり、人間の社会で言えば、ポピュリズムにおける忖度や空気を読むということも含めて、全体として何かの情報に反応するというよりは、群衆に紛れ込むことで生き延びるということである。これは、情報化社会の中で、スパイのように、ある特定の、特別な情報を得ようという構造ではなく、普通に、何気なく、日常的な営みのなかで情報を受信するような構造を意味する。

我々に、なかなか変われない構造があるとするなら、擬態して変わったふりをしてやっていかざるを得ないというような過渡期が、この時代的な新しい特徴に見える。

しかし、ポジティブに考えれば、この『ふり』こそが、変化への中間のプロセスであり、中間にいながらどちらにでも変身できるような高い柔軟性は生き延びる力になると捉えることができる。そしてまた、擬態は、変態・変身へのプロセスであり、しかも唐突に変身せざるを得ないところまで追い込まれた孵化・脱皮へのプロセスに続く構造を内包しているのではないだろうか。

本書で、現代をミミクリー・ソサエティ《擬態する社会》という視点から、日本社会の次のステージへの構想ノートとしてのヒントを提示しながら、この問いかけに、未来へつづく新たな概念が出てくるのではないかという僕自身の期待がある。

二〇二二年　八月　谷口正和

はじめに

YouTubeが思いっきり楽しめる!
6ヵ月無料!

序章　予兆のプログラム《擬態する社会》に見えてくるもの

いま、様々な課題に直面している事業には、社会の変化の風を見越して、事業をゼロベースで再編し、再活性化の措置を図っていくプログラムが必要になっている。あなたの事業にはそのプログラムが準備されているだろうか。時代の変化に目を向けず、現実だけを鵜呑みにしたまま、ただ風に身を任せてばかりでは、失われた三〇年の延長線上にしか未来を描くことはできない。時代の風を読み解き、自らが時代の風となる意志がどんな事業にも不可欠である。

コロナ禍で、先の見えない経済社会の中、自らの命を守り、自らの事業を持続可能なプロジェクトとして実現させていく上で必要になってくるのは、サバイバルの力である。サバイバル力とは、生物学的には、いかに命を守るかということであり、社会学的には、いかに時代の流れを察知し、生き残るためにどのような行動をしていかなければならないかという「時代の変化」を肌で感じることができる力を意味している。

カオスの中では、とにかく危機から逃げ、逃亡することで形を変え、生き延びるために対応していくしかない。それが『擬態』である。周囲に紛れ込み、生き延びることであり、擬態化しながらも自己肯定し、自己決定し、脱皮して生き延びる。そういう時代を我々は生きている。すでに地球全体は、一つの脱皮した新しい市場性の中にいる。日本はそれに遅れている。

情報化社会の中で、情報がもっている変化がどのように社会を変えているかを観察してみるときに、その中心にあるものとして、この『擬態』というプロセスを挙げてみたい。英語ではmimicry（ミミクリー）と言い、本来は「真似る、模倣」という意味で、生物学用語で『擬態』と訳される。『真似る』は『学ぶ』の語源である。

我々は、何を真似ようとしているか。何を学ぼうとしているのか。

自国のチャンネルしか見せない聞かせないと情報統制を行なっている国がいまだにあるが、日本にいる我々は、世界の中で、新しいグローバルポピュリズムが台頭しているのをいつでもメディアによって知ることができる。テレビと

ラジオしかメディアがなかった時代ですら、我々はアメリカのドラマを見て、音楽を聴いて、知らない間にアメリカ人のように暮らしてきた。

我々は、真似をしたり、学習することによって、それを受け入れ、そう行動するようになる。その力は、思っている以上に強く、社会が脱皮する原動力になり得ることに気づく必要がある。

演劇型社会を定点観測すると、社会学的な視点から見て、ある思い込みが社会に刷り込まれることによって、それをうまく活用して成り立つビジネスがある。ファッション業界をはじめとする小売り・流通は、言ってみれば、いままで「何か足りない」と社会に思い込ませてきたが、モノが溢れ、断捨離が流行し、もはや足りない時代が過ぎてしまって、売れなくなってしまった。モノに固執してきた時代を過ぎたいま、それを整理し、新しい価値や動機は何なのかを考察してみなければならない。

我々は、既存の概念から自由になっていこうとするとき、自分の中に考えがあるように見えながら、実はいろいろな情報を複合的に受信して総合的に擬態し、実際にそう思うようになっている。人は多面的に立体的に真似る・学ぶ、ミミクリーを繰り返していると言える。そのようないまの時代の潮流を『擬態社会〈ミミクリー・ソサエティ〉』と言うことができないだろうか。

情報化社会では、世界があっという間にマーケットになる。日本の中で特殊に思えるもので、近所に顧客はいなくても、世界では一万人規模のマーケットになる可能性を秘めている社会である。特殊が拡散し、全体が群像劇をなす。それは意識の群像化とも言えるが、その中心にあるのが、『擬態〈ミミクリー〉』ではないだろうか。

いま、アメリカの企業では「ニューリスクマネージメント」とよく言われている。それは、サイバーリスクやハラスメントリスクなど、自社の欠如や弱点がわかったら、いわゆる従来のM＆Aで合併や買収といった形ではなく、その欠如や弱点を補う会社の株を買って、繋がっていくという方法をとっている。

ビル
占
木内

日本経済大学 大学院
GMO
DVD
3F

時にはライバルの企業と繋がることもある。アメリカと中国のように、国民をマネージメントするという点において、机の上では意見の相違をみせ、やり方が違うように見えながら、裏側で手を繋ぎ、実は同じような目標設定に関して、違いを超えて類似化する瞬間がある。

こうした方法を敢えて『擬態』という一つの課題解決策として捉え、それを軸にして社会を担っていこうとしているときに、我々は個性的でありながら協調的であり、相反するものに見えるものの複合性に対して対応する柔軟学習をしていると言える。こうした方法は、違いを指摘して敵対するより、むしろ共有し、相手を理解していくことにつながっていく。

一つのヒントとして挙げられるのは、日本社会の危機管理の構造を形成しているのが、何が一番失敗しないか、無難か、という意識だということである。それは『擬態』であり、『模倣』である。簡単な例を挙げると、リクルートスーツを着ればそれらしく見え、自分だけ特出しないというほうが無難だと考えるのが常識になっている。こうした行動は、ある意味で学習効果によって、ほぼ直観的であり、自覚的というより、いまはもう、無自覚にできることが増えている。

コロナ禍でのマスクも、ある意味で『擬態』である。擬態をチェックするしくみとしての、マスクとワクチン証明は、自分だけが特出せず、自分たちの利益を守りつつ、失敗しないための危機管理の構造である。

あらゆるビジネスは、変装・偽装の全身コミュニケーションの時代に入り、メディアを通じて一目瞭然というような、スタイリングランゲージということになってきているのかもしれない。

こうした擬態社会の中で、「情報」はどのような意味を持つのか。情報がもっている変化が、どのように人や社会を変えているかについて、次章において明らかにしていきたい。

第一章　《個人》一人ひとりのサバイバル・マインド

Hisamitsu
サロンパス
もんじゃ
DHC
DHC Channel
クスリ
DMM
大盛堂書店
道玄坂

自己変態と突然変異

社会の構造変化の本質は、一人ひとりの変身であり、脱皮である。

情報化社会は、それを加速する。様々なメディアから変化を受信し、それによって自分自身の行動を変える。相手はなかなか変えられないので、自分の対応を変えていくしかない。つまり、自分自身の中に変化を起こさなければサバイバルできない。一人の変化が社会全体の変化につながっている。

先行する社会はいつも小さいものである。時代のトレンドが少し垣間見えたとき、それを拾ったメディアを別のメディアが取材し、いっとき急速に流行したあと、一瞬にして類似になり、同質化するのを我々は繰り返し見てきた。先行し、独自性があると思えたものが、類似し、全体と同質化する手前の、広がる寸前のところが次の形への脱皮の瞬間である。あまり先鋭的でないようにしながらも、時代の流れやトレンドに鈍感でいるわけにもいかない。いまのマーケットで言えば、ユニクロや無印良品のように、バックトゥザベーシックというコンセプトは、いっとき新鮮で独自性があるが、それが社会に受け入れられれば生活の前提となり、もはや「シンプル＆ベーシック」は我々の日常である。こうした突然変異のように見える社会の変化は、一企業、一人の気づきで、独自の花を開かせるようなものではない。独自だと思っていたけれど、実は類似の仲間がたくさんいて、それが顕在化する瞬間が、時代の潮目に、波のように押し寄せ、次の社会へ脱皮する。そういう意味で、すでにあらゆる古い価値観と垣根は外れ、地球全体が一つの新しい脱皮した市場性の中にいることに気づかなければならない。

時代の先駆者として、永遠の孤高と孤立を生きるような古めかしい力んだ姿ではなく、楽しんでやる、楽しいからやる、というのが時代が求めている姿である。そして、それを評価し合う構造がネットワークの中にある。新しく帰属する場所を見つけ、居場所を見つけ、その一員であると認識する。孤立し、敵対するのではなく、どちらがより新鮮で魅力的か、楽しいかが判断基準になる。

準備中

自分はいまの状態から脱皮して、何になりたいのか、何を楽しいと思うのかを自問自答することで、人は変わっていくことができる。行動の根は自分自身の価値基準の変化・変身にある。

擬態して人に紛れていた何者でもない自分から、何者でもあると気づき目覚めるという構造は、突然変異のように自分自身に目覚め、突然個性体として自らを再発見するという心理プロセスである。

こうした突然変異のような変化は、圧倒的な学習効果とつながっている。その変化の原動力は、情報と体験である。つまり、知識学習と体験学習である。知識学習には、体験学習が伴うことでより効果が増す。知識には、小さなリアリティが必要だということである。それを可能にするのがバーチャルリアリティ《VR》である。ゲームで使われていた仮想現実は、娯楽でありながら、学習トレーニングになり得る。エンターテイメントの時代が終わって、バーチャルリアリティスクールで、体験を積み、専門家から直接学び、バーチャルトレー

ニングができるようになる。

すでに、コロナ禍でｚｏｏｍが広まり、いまや当たり前のようにネットを通じて、実際には会えない人にも会うことができる。そこから波及し、海外の哲学者が日本の中高生に影響を与えることも可能になる。

知っているか知らないかの知識学習から、使えるか使えないかという体験学習に変わる速度がデジタルネットワークによって本質的に速まっている。

体験を伴った知識学習を経た人は、一人ひとりが自分の中に新たな自分を発見する。新しい目を備え、新しい可能性に敏感になり、新しい流れに乗ることができるのである。そうした果敢な試みが現代を生きるためのサバイバルマインドを形づくるのである。

【自己発見と自己変革のヒント】

《可変性》ペルソナヌーボー

ヌーボーはフランス語で「新しい」という意味である。ペルソナは「パーソナル」。自己の再発見、セルフブランディングが重要となる現在において、一人ひとりが自らの独自性を磨き、他者との違いを唯一無二の個性やキャラクター性として積極的に打ち出していかなければならない。そして、自分のキャラクター性は、時代やニーズに合わせて新しく更新していくことが重要である。そのために積極的に外側にある情報を内側に取り入れ、それによって自身の認識や行動をアップデートしていく。そうした「大学習時代」がますます進んでいく中、次々に自らの仮面を付け替えるようにして自己変態を繰り返していくことが求められている。変化を恐れず自らの中に多様性をもつことが重要である。

《先行性》テストスタイリング

自己発見と自己変革のためには、他人と足並みを揃えて大通りを進んでいくのではなく、自分だけの裏道、横道、抜け道を探してみることが大切である。個人レベルでは日常から、事業でいえば現場から出た課題に対して先行行動としてテストや仮説検証を行う必要がある。そしてそれをフィードバックしながら整理していくことで、自分流のスタイルとしての「マイ・マップ」を作り上げてみよう。発信と受信と再発信、その中間にアイデアと分析を注入する。それが「テストスタイリング」のプログラムである。

テストスタイリングを身につけ、繰り返し実行していくことで今までと考え方が変わり、その結果として生き方も働き方も変わってくる。大きな変革期を迎える中、変化への対応力や行動力、そして個性の磨き方にもつながる方法論である。

《自在性》セルフカウンセリングとセルフジャッジ

外見的に強者に見えるような人が、必ずしも精神的に強いというわけではない。当たり前だが、一人の人間の内側には、強い部分や弱い部分、多様な自己が存在している。イメージや固定観念だけで他人や物事を見ない、それは自分自身に対しても同様である。だからこそ、自らに対して深く考え問いかける「セルフカウンセリング」が重要であり、その上で優先順位を決定する「セルフジャッジ」が求められている。

ビジネスにおいても自社の特徴や専門を決めつけてしまうことは、自らを縛りつける足かせにしかならない。変化に対応するためにも、心に余裕やゆとり、柔らかさや軽やかさを持つ。そして課題があれば新しい分野であっても積極的にトライすることが大切である。自らの中の多様性や価値観の変化を認め、優先順位をしっかりと考えることが重要である。

《反発力》ポジティブ「NO」

生き方や働き方が大きく変化していく現在において、過去の価値観や常識に引きずられ同じことを続けるのではなく、そうした行動に対して明確な意思を持って「NO」と言っていかなければならない。「拒否」は後ろ向きな判断ではなく、ポジティブな意味での取捨選択である、と認識すべきである。その際に主体となるのが、唯一無二の存在である自分自身であり、自分の中にある思いや興味・関心に逆らわずに、それをトレーニングによって磨いていくことが必要となる。

惰性や無思考から脱し、自分が本当に欲していること、あるいは社会にとって必要なことは何かを自分自身に問いかける。ポジティブな「NO」は、コロナ禍で無駄を排除することで生まれた余白を使って、新しいことに積極的にチャレンジして、昨日までの常識を飛び越えるためのものだと認識していきたい。

《異質性》未来は少数派

新しい発想を生み出すことを求められている中で重要なのは、「未来は少数派」という認識である。あるコミュニティの中では少数と思われていても、広い視野で見ると大きな集団を形成することがあり、またその声が新しい気づきとなってさらに共感を呼ぶ。多数派の意見ばかりに耳を貸し、一般論や平均値を追いかけているだけでは、従来の延長線上から抜け出すことができず、新しいチャンスは生まれない。今、社会の中でどんな少数派が生まれているか、それを見逃さずにしっかりと声をすくい上げていくことが未来の社会を創ることに繋がっている。変化が起きるのは常に少数派からということは、同質を強要せず、違いを新たなヒントとして受け入れる、それによって個性が伝播し「異質化の波」が社会全体へと広がっていくのである。多様性社会への流れが加速していく中、個人も企業も新しい発想というよりも「違いの創造」を一層重視していきたい。

《受容性》エネルギー吸収法

情報化社会において最大のエネルギー源となるのが「変化」である。その変化は自分の中で起きる前にまず外側で発生することに気づいているだろうか。人は、空気を吸い込むように、自分の周辺で起こっている変化を感じ取り、拾い上げ、それによって自分自身も変化していっていることをどれくらい自覚できているだろうか。どんなに周りで大きな変化が起こっていても、それを吸収する方法論を持っていない人は、変わることができない。

多くの情報の中から、どのようにして変化のエレメントを見つければいいのか。身近な家族や友達の声、あるいは顧客の声から気づくことができるものもある。個人が感じている課題や、生活の中にある些細な不満や不安を吸収することと、その課題解決が社会に大きな変化を促すことがある。そうした見落としがちなエネルギーの吸収方法を持つことが、実はチャンスを生み出すことに繋がっている。

シーボン.
Coca-Cola
P

《メディア性》舞台社会

街中のいたるところにカメラがつけられているし、最近ではオンラインでのミーティングなど自分自身が映し出される機会が急速に増えてきている。常に誰かに見られていることを前提としたとき、一人ひとりにアクター、アクトレスといったビジュアルプレイヤーとしての行動モデルが生まれ、自己のメディア性というものが一層磨かれているのが現代社会である。舞台社会と言ってもよい。つまり人生という長いドラマの主人公は、当然ながらあなた自身である。「男らしく」「女らしく」などの固定観念に縛られず、思うままに新しい人物像を演じ、素敵なドラマを描いていくことの大切さに気づきたい。

《当事者性》「あなたはどうなの？」

個性の違いや独自性が重視される中、あらゆる分野で重要となるのが「あなたはどうなの？」という問いかけである。自らの人生を振り返り、本当に好きなものは何か、そしてどんなことに思いや時間を割いてきたのか、その人生の棚卸しが求められている。あなたが商品を作ったり、課題の解決を行ったりする際、最初の顧客であり、課題の提示者となるのはあなた自身である。あなたが本気になり情熱を注ぎ込んでいくからこそ、その想いが周囲へと伝播し、個と個がつながっていく感性型のネットワークを構築していく。一般論や成功のノウハウなど、検索すればすぐに答えが出てきてしまうようなものに大きな価値はない。軸足にすべきは自らの興味や関心であり、あなたの内側にある悩みや疑問にこそ価値がある。自分はどうなのか、これこそが私たちが回帰した立脚点である。

《独自性》違いこそ未来

唯一無二の独自性が注目を集める「個性の時代」と言われて久しい。違いに気づき、違いを創造することによって選別優位の特徴が生まれる。これは都市でも企業でも、そして個人でも同じである。個性を支えるのは内なる興味や情熱であり、それが圧倒的な時間の投資と重なって、固有性の高いスペシャリティやプロフェッショナリティが形成される。これまでの日本は、標準的なものが求められ、人と違うことはマイナスに評価されてきたが、同じような考えの人ばかりでは違いが生まれず、それでは新しい可能性と未来はやって来ないと気づきつつある。まずは「個」があり、その高い「個」をもつ人たちが連鎖していく、それがパーソナル&ネットワークの社会である。

《幼児性》自分への目覚め

「環境によって人は育つ」というように、才能には育った環境が大きく影響する。特に幼少期に経験したことや感情は、個性や違いが重視される現在においては極めて重要なのである。幼少期を振り返ることは、自分は何が好きで、どんなことに興味があるのかという「独自への目覚め」となり、その気づきは

麗郷
ヘルス
平成女学園
カラオケの鉄人
SUSHI

才能の芽を育てることにつながるのである。そして、その記憶に付随するわくわくするような感情や子どもっぽい好奇心があらゆる変化のエネルギーとなる。こうした無意識的な体験学習に、自己投資による意識的な学習を融合させることで、独自性は一層磨かれる。将来、自主・自立・独自性をもって歩んでいくためにも、早くから自らの才能に気づき、それを育んでいくことが大切である。

【サバイバル力を磨くためのキーワード】

《Lose but Win》

スポーツの大会やコンテストで勝者となるのは常に一人。だからこそ勝者が注目を集めるものだが、一方で敗者の一人ひとりにスポットが当たる社会が到来しつつある。それがこの「Ｌｏｓｅ ｂｕｔ Ｗｉｎ」である。単なる勝敗による判断を超えれば、一人ひとりがかけがえのないパーソナリティを持った独自の存在に他ならない。これはスポーツだけでなく、企業経営においても同様

で、どれほどコストを削減し他社より利益を出したかの競争ではなく、唯一無二の事業やサービスによってどれだけ社会に貢献できたかが重要になってくる。また、人生百年時代が到来した現在、同じことを永続的にやらなければいけないということはない。副業やパラレルキャリアなど多能であることが求められる中、新しいことに挑戦する時間やチャンスは拡大している。「失敗」や「負け」を次へのステップや人生をスイッチするチャンスと前向きに捉えることができれば、それは自身にとっての大きな価値になる。同じ定規で競争する社会を超えて、固有のものに回帰せざるを得ない社会が到来している。

《ありえへん》

「個人」という限定的で唯一無二のキャラクターに対して強くスポットが当てられる現在、他者との明確な違いを出すために求められるのが、「ありえへん」といわれるような突飛な思考や発想力である。「ありえへん」ことは、従来にはなかった新しいことを意味している。周囲に流されずに自分がやりたいこと、興味のあることに対して徹底的に情熱を注いでいく。情報化社会で鮮度のあるニュースソースとなって注目を集めるのは、こうしたありえへんことであり、これが話題の生産性や新しい視点の開発につながっていく。ルールや常識にとらわれずに「ありえへん」ことを考える、これこそがクリエイティビティが求められる時代において重要な認識論である。

《オタク革命》

自分が夢中になれるものに向かって一意専心し、突き抜けた存在になることが一つのサクセスモデルとなっている。その中でこれまではどこかネガティブなイメージにあった「オタク」という概念が、好感や尊敬の的として捉えられるようになってきている。こうした傾向がより強く表れているのが十代の若者たちで、彼らは「私はオタク」と胸を張って宣言している。自らが夢中になれることを、趣味や道楽といった枠組みで区別する必要はない。むしろ自身の興味関心がビジネスの種になり、人生の糧となると見切った時、時間をかけて深く掘り下げ、知識や経験を高く積み上げていくことが重要である。オタク革命は、あなたの事業を特徴特化で磨き上げていくヒントを与えてくれている。

《一点突破資格》

国や社会に依存することなく、一人ひとりが自らの足で立つ自主自立型の社会構造へと進みつつある。そうした社会の中で、サバイバビリティの柱の一つとなるのが、深められた専門性であり、そのことを表したキーワードが「一点突破資格」である。近年、女性活躍推進が声高に言われているが、そのために女性が働きやすいように環境を整備することばかりに力を注ぐのではなく、女性自身の一人ひとりが選別優位性の高い人材として自分自身を磨いていくことも大切である。自らの興味や得意技に投資し、専門性を磨き続けていくことよって選ばれる理由ができ、それが自信や自己肯定感にもつながっていく。それぞれが持つ専門性を社会化させ、オープンソースとして顕在化させていく。その一つの方法が資格制度であり「専門資格化市場」が生まれつつある。そして同時に、個人だけでなく、企業も専門性を持った学習の場であるということを再認識しなければならない。社内で日常的に行っていることを作業として終わらせるのではなく、価値ある専門技術と捉え、資源として再活用していく。貢献社会を一点突破で生き切っていく、そのためにも専門性を磨いていくことがますます重要である。

《ボイス・オブ・パーソン》

インターネットの普及によって誰もが気軽に情報の受発信ができるようになり、ネットの中は顔の見えない人々の声であふれるようになった。しかし一方で、「個人」の市場価値が大きくなっているのも確かであり、大きな影響力と注目度をもつのは数多くの匿名の意見ではなく、たった一人であって、突き抜けた個性や特徴をもつ人の発言である。ユーチューブなどで配信される「個人放送局」に人が集まるのは、テレビや雑誌など他人によって作為的に編集されたような情報ではなく、嘘偽りのない生身の個性や世界観を求めているからである。このような潮流の中で、事業やサービスには、自らを磨き唯一無二の存在になることを目指すユーザーに対する体験学習が用意されているだろうか。全ての立脚点は「集団」ではなく「個人」にあることをこのキーワードは改めて教えてくれている。

《エクスペリエンス・エディション》

これまでの人生の中で経験し磨いてきた個人的な「体験財」を有効活用していくためのキーワードが「エクスペリエンス・エディション」である。経済的に豊かで自由にお金を使うことができても、重要なことは何にどう使ってきたかということである。自らの体験・経験によって得たものこそが、本当の意味での財産である。これまでに積み上げてきた知恵や技術などの中で、使われていないものはないか、有効活用できるものはないか、そのための棚卸しが重要である。すでにある体験財の中から、その場に合うものを使ったり組み合わせたりする「体験編集力」が磨かれる。体験の備蓄を増やしていくことが、自らのサバイバル能力を高めることにもつながっていくのである。

《セミプロフェッショナル》

一人ひとりが専門性をもって自主自立をしていく上で、何に対して自己投資をして自らを価値づけていくかという、興味・関心を軸とした「自己決定」を行う必要がある。そして自らの決定に対して、自信をもって判断するための「自己肯定力」も重要である。同質で標準化されたものを良しとしてきた従来の工業社会から脱し、自己投資によってどのような差異が生まれ、違いの創造ができたかを問われているのである。自らがセミプロとして社会課題に対する解決領域を膨らまさなければ、自立して生き残ることはできない時代が到来している。

《漂流学習》

ＡＩが発達した社会で重要になるのは「考える力」である。機械が覚えられる程度の一般的な知識や常識ではなく、自らの経験と学習に基づいたオリジナリティのある意見やアイデアが求められる。そのための学びの方法としても、これまでのように学校だけに学習内容を委ねるのではなく、「自己学部」とでもいうような、自らの興味や関心に応じて学習選択の幅を広げていく選択肢が必要である。これはビジネスにおいても同様で、企業に縛られるのではなく、一人ひとりが自分に合った働き方を考え、選択することが大切である。最近では、企業に在籍したまま副業やベンチャーなどで働く人材育成のプログラムも増えつつある。

一つの場所に止まらず、漂流するように、現場での体験を積み重ねながら、生きた知識を増やしていく。井戸の中で満足するのではなく、今こそ大海に出て広い視座を獲得する時なのである。

第二章　《組織》中間ポジションとしての擬態

次に、この章では、組織の変革について考えてみる。コロナ・パンデミックによって、なかなか変われなかった日本社会と我々の日常生活にも突然変異と言ってもいいような劇的な変化が起きた。その変化に対する反応が、いま色々な形で現れている。はじめに語ったとおり、その一つが、周囲に紛れ込み、生き残る『擬態』という方法である。生き延びるための知恵として、「擬態」がある。

まだ本質的には変わっていないが、本質的な変化に向かって、変わったように見せる、擬態して変わったふりをしてやり過ごす、というやり方でやっていかざるを得ない過渡期をいま我々は過ごしているように見える。

そしてこの、『やっているふり』『考えているふり』は、時間軸でみたときに、まさに「中間ポジション」である。

常々言ってきたことだが、情報化社会が進んで、従来の区分けされた概念で区別されたあらゆる事柄の垣根が取り払われつつある。右派左派、老若男女、評論家と一般人、東洋と西洋、仮想と現実など、あらゆる区別と区分けがなくなった社会に向かって我々は進んでいる。こうした既存の対照的な二つの概念のクロスした部分、つまり「中間」が膨張し、大きな社会的ファクターとして登場しているのが現在である。

いま我々が向かっている社会は、自己と他者という概念さえ曖昧になり、一人がみんなのために、みんなが一人のためにということが実現すれば、そこに区別はなくなり、本来の意味でそれは共存社会ということになる。そういう意味で、概念的にも「中間ポジション」は、柔軟性を備えた、変革の大きな突破口になるものである。

擬態に話を戻すと、擬態は、生態的プロセスにおける「中間ポジション」である。そこから変わっていく先に孵化・脱皮がある。つまり、概念的な中間ポジションと同じように、時間軸でみたときの中間ポジションにいるということは、どちらにでも変身できるような高い柔軟性を持っている状態であり、それこそがサバイバル力であるということを意味する。つまり、我々が生き延びる力になり得るということである。

古い価値観や区別に別れを告げ、そうした「中間ポジション」に自分を置くためのヒントをここ第二章に提示していきたい。

【中間ポジションに身を置くためのキーワード】

《ざっくり判定》

経営とは一つの方向性を示すことであるが、あらゆる事業やサービスにおいて、最初から完璧なもの、完成されたものを求める必要はない。社会が急速に変化を続ける中、物事を固定させ、決めつけてしまうことは、変化対応力と新しい可能性を失うことにつながってしまうからである。だからこそ、ラフスケッチのような「ざっくり」としたデザインやプランが大切になる。

未来社会の理想の地球や都市を考える時にも、細部にこだわるのではなく、様々な情報をヒントにしながら複合的に考えたざっくりとしたプランと、そのためにいまできることは何かという具体案が求められている。そして未来では、単純作業や厳しい正確性が求められる仕事は、ますますＡＩやロボットが担っていくようになる。その際に人間がやるべきなのは、ざっくりとでもいいから新しいアイデアや方向性を見出し、その方向に歩みを進めていくこと。そしてその過程で、新たなトライアルや学習研究を重ねることで、理想の未来にたどり着くことができる。

《転がり込む勝利》

突発的なアクシデントや予測不能な状況によって、勝利や成功が転がり込んでくることがある。このことが表しているのは、状況変化に対して、いかに柔軟でいられるかということだ。こういった「転がり込む勝利」は、変化対応力の重要性を示している。「これまでにない」「史上初」といった言葉が頻繁に飛び交う現在、従来の認識に縛られていては、新しい発想やアイデアは生まれない。物事を決めつけずに、全てを受け入れる姿勢がなければならない。その上で必要とされるのは「まずやってみる」という積極的な行動力である。自信は体験によって得られ、体験があるからこそ高い学習効果が発揮されるのである。

何事もポジティブに、果敢にチャレンジするという意識が、よりよい結果や循環を引き寄せる。うまくいく人、成功する人には、ポジティブシンキングとアクティビティが溢れている。

《アバウトな物差し》

利益を追求するだけでなく、地球環境や、人、社会に対して配慮するエシカルへの取り組みも不可欠となった現代の企業経営においては、目の前の課題の具体的な解決とは別に、中長期的な視点を持ってフラットに全体を見渡せるよ

止まれ

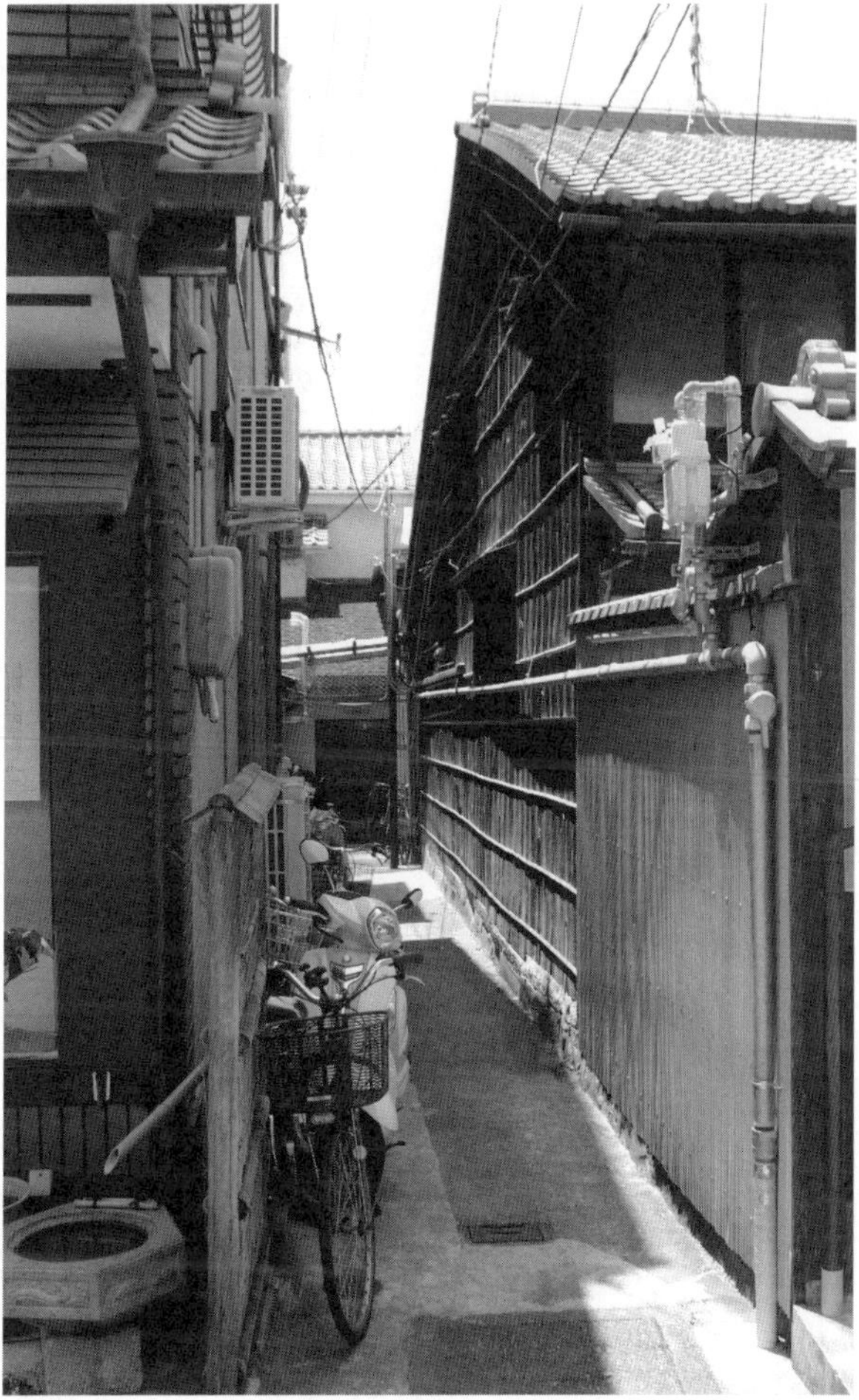

うなアバウトさも必要である。

いままでの価値観や方法論が刷新される中で、最初から完璧を目指し、エビデンスが揃うのを待っていては、いつまで経っても行動に移すことができず、機を逃してしまうことになる。大切なのは、このくらいでいいかなというような「そこそこ主義」のスタンスを持ちながら、素早く行動に移し、現場で答えを探し出そうとする姿勢である。

答えのない時代だからこそ、真っ直ぐに線が引ける物差しよりも、左右に行ったり来たりしながら進んでいく「アバウトな物差し」が必要になる。

《ウェルカムスタンス》

多様性が求められるいま、社会において最もやってはいけないことが「決めつける」ことである。過去の体験や事例から物事を固定的に見てしまうと、自らの可能性を狭めることになる。優れた知恵は、時代や社会、生活者の「変化」

の中にあると理解する。

だからこそ、現実を直視し、時代の声に敏感に耳を傾け、変化を素直に受け入れる。そうした受信能力が「ウェルカムスタンス」の意味であり、変動性や流動性が重視される情報社会において求められる、学びの姿勢である。

「私の仕事はこれ」「それは別の業界がやること」と、自分あるいは自社の存在や役割を限定していては、標準化された類似の事業やサービスから抜け出すことはできない。固定観念がなくなることで、ものの見方が変わり、変化対応力が磨かれていくということを理解しなければならない。

《思考のシーソー》

意思決定する際に重要なことは、片方の意見や思いだけでなく、必ず反対意見にも耳を貸すことである。何かアイデアを出す時も、あえて真逆の内容も併せて提示するなど、相反するものを提示してみることで問題点が整理されてい

くということがある。
その中で重要になるのが、「思考のシーソー」の発想である。正解のない時代に求められるのは、プレーンでニュートラルなポジションへとシフトすること。どちらかに偏ることなく、自分自身を常にシーソーの支点の立ち位置で物事をジャッジすることが大切である。一つの方向性を示しながらも、その中で柔軟に「思考のシーソー」を稼働させていく。それによってイノベーションにつながる新しい選択肢が生まれてくる。

《百の細道》

日常生活においても、仕事においても、変化した生活者に対する新しい提案力がいま求められている。そしてイノベーションを生み出すアイデアや仕組みづくりが企業に求められているが、そうした発想力は一朝一夕でつくられるものではない。どうすれば良いかわからない時に非常に優れた方法がある。それは、一つのテーマで一〇〇のアイデアを出すトレーニングを積み重ねるということである。このことによって、「アイデア体質」が磨かれていく。

ある社会課題に対して一つの側面だけを見るのではなく、サイコロの目のようにあらゆる方向・角度から多面的に物事を見ていく。いわば「アイデア・ダイス」の着眼が求められている。理想とするビジョンや目標にたどり着く方法は決して一つではなく、無数にあることを表しているのが「百の細道」のキーワードである。時代と顧客の要望に合わせて、事業やサービスを柔軟に変えていく。こうして身に付けたアイデア体質は変化対応力にもつながっていく。

《賛成の反対》

昨日まで常識だったことが、今日には非常識に変わっているということは、決して珍しくない。だからこそ白か黒か、賛成か反対かどちらか一方に決めつけるのではなく、両方を行き来する柔軟な思考が大切である。一つの価値観や概念にとらわれていては、新しい発想やイノベーションは生まれない。対抗概念をのみ込み、複合性を磨いていくことで新たな価値がつくられていくのである。

例えば自分がコンプレックスに感じているようなことも、言い換えればそれは他者との「違い」であり、その「違い」こそが、唯一無二の個性となって輝きを放つと考えることができる。発想を変えるだけで、短所は一瞬にして長所に変わる。

《理想現実主義》

「中間を行き来する」という認識の重要性からいえば、「理想」と「現実」、この二つにおいても同様で、理想が現実を変え、その現実が種となって新たな理想の芽が生まれるのである。あくまで理想と現実は一体のもの、そう認識することによって、理想の実現は急激に速度を速めていくことができる。

理想と現実の垣根を外し、相互に往復する好循環の和が目の前にありながら、我々は現実の状況に縛られすぎてはいないだろうか。理想に対する強い思いや、それを表現するための能力を高められているだろうか。一度きりの人生、どんなことがあっても「理想」を膨らませ、自らが立ち上がる姿勢や熱意を大切にしていこうとすることこそ、「理想現実主義」である。

《逆説の選択》

「逆説の選択」とは、従来のルールや価値観の中にある常識ではなく、むしろ非常識といった対抗概念を積極果敢に選択していくことである。

かつて、変化を拒絶するようにして安定を手に入れていた時代では、同じ商品やサービスの繰り返しによって継続力を維持してきた。しかし現在では、むしろ変化を積極的に取り入れることによってのみ、継続力が発揮されていくのである。例えば歌舞伎のような伝統芸能であっても、現在の流行や最新のテク

松阪牛
Julia
営業

ノロジーなど、古典とは対極に位置するものを積極的に取り入れることでファン層の拡大につなげている。

重要なのは、両方を行き来することである。それによってそれぞれの概念の垣根が外れ、中間が大きく広がり、新しい社会や個人を作っていくための大きなフィールドになるのである。逆もまた真なり。「逆説の選択」こそ、情報化社会における原則論として認識すべきものである。

《柳の道》

過去の価値観や一般論、平均値によって縛られることなく、風に揺れる柳のように自由自在な意見や考えを持って、我が道を進んでいくことの大切さをここで再認識したい。

かつては、新しい商品や新しい情報を求めて、自分以外の周りのものばかりに目が向けられていたが、商品やサービスの質を見定め、情報を厳選し、選択を決定するのは、結局のところ自分自身なのである。自らと向き合い、自らの足元を見つめ直すことの重要性に、生活者一人ひとりが気づきはじめている。

企業経営においても、利益だけを求めて外へ外へと拡大するのではなく、何のために存在しているのか、自らの事業の哲学を問いかけ、内側を深めていくことが必要である。自らの中に明確なミッションや目標設定があれば、どのような変化にも柔軟に対応できるはずである。

《第三都市の選択》

あらゆるものに対して再選別が必要に迫られている。都市も例外ではない。圧倒的な資金と人材を投入し、物理的な集合・集積の構造をつくってきたのが従来の都市の姿とするなら、コロナによって密集することを否定された今、都市構造に対しても新しい認識が求められている。

その中で、新たな都市の持つ最も大きなファクターになるのがメディア性である。メディアには、ミディアムの複数形、つまりは「中間」の意味がある。都市と農村、中心と郊外といった区分けを外して、新しく組み合わせていく発想として、どちらか一方を選択するのではなく、両方を行き来するサードステージ「第三都市」としての認識が必要なのである。

工業化とともに犠牲や破壊によって成り立ってきた発展都市ではなく、自然に対して感謝し共生していく、いわば農村都市というような考え方が、これからの近代化の構造を内包している。

今こそ、未来の地球社会に向けて舵を切るときである。都市や企業、そして生き方そのものも、一人ひとりが過去に軸足を置かずに、未来目線で選び直す時代に突入している。

道玄坂

第三章　《擬態社会》模倣という学びの境地から脱皮へ

長引くコロナ禍によって新しい生活様式が定着し、我々の日常に本格的な変化が起きている。いままで通りのやり方では、廃業に追い込まれる事業が次々とでてくるだろう。こうした時代の転換期にこそ、すでにある現実が、何を伝えようとしているかを我々は見極めなければならない。

新しい時代は、気候変動やコロナに始まって、地球規模での変化に見舞われ、ますます社会そのものが生態系として機能しなければならないようになった。SDGsが世界共通の目標となり、もはや生産と消費の区分けはなく、消費そのものが生産にまわる回転軸のような新しい社会運営に対するプログラムが稼働しようとしている。

いま日本が、問題を抱えながらも変われない国、変われない社会と半ばあきらめかけているのは、未来に設定された希望のビジョンが何も提示されないからである。目にするのは、老後の不安や気候変動による災害や地震への不安など、暗い未来ばかりである。老後の不安や将来の不安を取り除くためにいまを生きているようなものである。希望も期待もお金もないのに、平均寿命が延び続ければ、不安しか残らない。贅沢ではなくとも、安心安全な未来が約束されていれば、人々はもっといまを大切に生きることができるだろう。

そういう中で、我々が少しずつ気づき始めている日本に必要な新しいビジョン、それは、何でも金に置き換える金融経済から、価値経済への転換ということである。言い換えれば、モノを提供し、買ってもらうことから、価値を創造し、それを活用する対価としてお金を支払う社会への転換である。

人・モノ・金は、所有価値から使用価値に転換される。使わないモノをいつまでも持つことの不幸を誰もが気づいてしまったし、ＡＩができる仕事はＡＩに任せたほうが効率がよいことも我々は知っている。お金はいくら貯めても命があってのものであり、購買は自己投資であり、ただ貯めるのではなく、どう使うかが重要だということも認識している。

現代社会でサバイバルして存続していくために、どんな企業もその存在意義を見直して、未来社会に合わせたコンセプトに変えていかなければならない。モノだけ売り出しても売れない。モノに物語をつけて、そのモノでなければならない価値を作らなければならない。だからと言って、世の中はいままでとは違う世界になったからと何でもデジタルにすればいいというものではない。中身は変わらないのに表面的にだけデジタルにしてもいつか終わりがくるだろう。

サバイバルメソッドとしての模倣

個人も企業も、そうした自らの見直しの必要に迫られながらも、何に手をつけていいかわからず、そして新しいアイデアもビジョンも生まれてこないいま、擬態して様子をうかがっている擬態社会《ミミクリーソサエティ》構造のなかで、我々はあきらめず、未来に対して希望への脱皮を実現できるような膨らみをもつ社会の波を創り出さなければならない。

「ミミクリー」の本来の意味は、「模倣・真似る」である。「真似る」は「学ぶ」

の語源である。つまり、「模倣」こそが、学びの境地であることを表している。

近年の情報化の流れは、いつでも、どこでも様々な疑似体験を可能にしてくれた。こうしたバーチャルな体験が憑依体験として顕在化していくことで、模倣という学びの境地へと昇華していく。こうした感性型社会の到来は、かつて世阿弥が勧めた「真似ぶ」の精神を実際に体現できる時代の到来とも言える。「習うより、慣れろ」という言葉がある通り、我々は、これまで以上に五感を最大限に活かして感じとる能力を磨いて、真似ぶこと自体を習慣化し、模倣という学びを重ねて、次のステップへ歩みを進めることができるに違いない。

擬態している状態から脱皮するために、人々は、課題解決のための物語を求めている。それは未来のビジョンであり、希望である。そうしたものが社会全体に広がることが、新しい社会へ脱皮するためのエネルギーとなる。

それはいわゆる社会免疫力を高めることにもつながっている。この章では、そうした新しい社会へ脱皮するためのヒントを提示したい。

【新しい社会へ脱皮するためのヒント】

《ネコとカモメ》

もともと飛べない鳥だったカモメは襲ってくるネコから逃れるために突然変異して飛べるようになったという話がある。危機に陥った際に変化していくことは、生物が生き延びるためには必要不可欠な要素である。

コロナの襲来という危機によって、我々人間も、生き延びるために変わらなければならない時期を迎えている。すでに既存の事業やサービスを在宅で対応できるように転換したり、機械化やオンラインへとシフトしたりといった取り組みが増えてきているように、突然の襲来に対して時間をかけて考えるのではなく、カモメのように、即座に直感的に生存をかけた知恵や行動へと移行していくことが重要である。

問題を周囲のせいにして、ただ静かに事態の収束を待つのではなく、コロナによって新しい社会がつくられようとしていることを認識して、直観力でそこ

初台

に向かって飛び立っていくサバイバビリティが求められている。

《フュージョン・イノベーション》

フュージョンとは、融合や溶解などを意味している言葉である。あらゆる分野において垣根がなくなる中、都市と地方、デジタルとアナログなど、いままで相反関係にあったようなものも固定化せず、それぞれの特長やメリットを融合させるように活かし合うことが「フュージョン・イノベーション」である。

事業においても、自社の専門領域か否かという考えに縛られず、あらゆる可能性を視野に入れて、自在性を持って変化に対応していくことが必要である。

課題があれば、たとえ新しい分野であっても、積極的に解決に向けて仮説検証を行なっていかなければ新しい道は開かない。そして自らの強みをどのようにして地域や地球に還元するか、垣根を超えて、他社の知恵や技術も柔軟に模倣しながら形にしていく姿勢が大切である。

《ピーリング・ソサエティ》

「ピーリング」とは「脱皮」という意味であり、このキーワードは社会全体が脱皮している流れを表したものである。固定観念に縛られて、様々な悩みを持つ人たちの固くなった心を、少しずつ皮を剥がしてほぐしていくような事業やサービスを打ち出していくことが企業活動に求められている。

例えば、一人ひとりがコンプレックスに感じていることや、マイノリティだという理由で蓋をしていたものも、これまでのように包み隠すのではなく、むしろ積極的に発信していくことをサポートすれば、それによって同じ悩みを持つ人たちの共感を呼び、課題が浮き彫りとなり、そして解決に向けた様々なサービスのアイデアが生まれるだろう。

従来の価値観をもとに作られた常識や、当たり前だと思っていたことに疑問の目を向ける。慣習によって染みついてしまった「考えない」という体質から脱皮することが求められている。

《戦略的群生》

顧客の価値観が大きく変化しているにもかかわらず、これまでと同じ方法や認識ではマーケットが成り立たないのは当然である。古い体質を脱皮するための革新的な転換が必要で、そうしたことを少しずつではなく、突然変異のように一斉に行うことで社会が次のステージへ進む躍進力につながっていくことがある。

すでに新しい課題や問題の解決に取り組むベンチャーやスタートアップが様々な分野で立ち上がっている。これら一つひとつは異なる取り組みだとしても、新しいアイデアや知恵が一つの群れとなって集合・集積されることで、社会に対してインパクトを発揮し、革新的な風土をつくっていくのである。

強い意志をもった個性が連鎖しながら次の社会を引っ張っていくこと。これこそが「戦略的群生」である。あなたが取り組む事業、あるいはあなた自身が群生する個性の一つとして、新たに生まれ変わる時がすでに到来している。

《未来への蜂起》

世界各国で、地球温暖化対策の強化を求める学生たちを中心としたデモが一斉に行われ大きな話題を集めた。若い世代が立ち上がり、自らの未来社会に対して蜂起していることの現れである。世界が一つとなって地球を守っていくためには、環境などに悪影響を与えている既存のものにストップをかけ、次の社会に向けて脱皮をしていく必要がある。

利害関係に縛られ正しい選択を躊躇してしまっている大人たちに代わり、たった一人でもいいからアクションを起こすことの大切さ。次々と新たな課題が顕在化する中で、旧課題にしがみつく人たちに見切りをつけ、アントレプレナーとして立ち上がる勇気。

未来に対する貢献に向かって若者たちが次々と名乗りをあげる姿を目の当たりにして、自分自身は一体何をするべきか。もう見て見ぬ振りをしている時は過ぎた。その気づきが第一歩である。

《未来への逃亡劇》

行き詰まりを感じたら、強引に進んでいくのではなく、素早く方向転換して新しい可能性を探っていくことが重要であり、そのことをポジティブな意味で「逃げる」と表現したのが「未来への逃亡劇」である。過去の延長線上に未来はない。言い換えれば、そこから抜け出した者にこそ、未来は訪れるということである。そのために重要なのは、変化対応力を磨くことである。社会全体が同じ方向へと進む中でも、一人ひとりが自らの中に判断基準をもち、間違っているならたった一人でもそこから逃げ出し、新しい道を探っていく。自らが考え、判断し、行動することが現状からの脱皮を促進する。

《行動資産》

パンデミックによって生き方・働き方が大きく変化し、今後経済回復が進んでも、以前と全く同じ状態に戻ることはない。だからといって過去にやってきたこと全てが無駄になるということでもない。たとえ小さな行動や経験であっても、それら一つひとつが体験学習となり自らの糧になっていることは間違いない。むしろ、そうして積み上げられたストックが連鎖していき、これまでにない新たな価値を作り上げるのである。

未来に目を向ければ、これからの社会や自分自身をどうしていきたいかという理想や目標を掲げ、そこに対して現在の自分を重ねていくことで、今どんな行動をすべきかが明確になってくる。素敵な未来を思い描き、そこから逆算して行動や判断を行っていく。中長期を見据え、未来への資産となる行動とは何か、そのことが問われている。

《ソーシャルイミュニティ》

「イミュニティ」は免疫という意味である。我々は体験を通じて様々なことを学び、それによって免疫力が身についていく。こうした体験学習が回数化さ

銀閣寺
銀閣寺
銀閣寺
銀閣寺
銀閣寺
銀閣寺
銀閣寺
銀閣寺
銀閣寺

れると、それに応じて免疫力も高まり、逆に体験の少なさは免疫力の弱さにつながっている。

このことは都市や社会も同様で、パンデミックもデモや社会運動も、大きな社会体験であり、これが市民や都市の免疫力となり、次の時代における新たな都市国家として生き延びていくことにつながっている。

貴重な情報や気づきが得られる体験は、受信の構造として極めて重要である。自ら体験することにより、外から眺めているだけでは見えなかった課題認識を得ることができ、そしてそこで得たものをチャンスとして活用していく社会が到来している。体験を重ねることでソーシャルイミュニティ、社会免疫力を活性させていきたい。

《仮面の女王》

コミュニケーションにとって、自己表現能力は非常に重要で、他者目線も踏まえた変装・変態によって自己を多面的に表現することができる女性を「仮面の女王」と呼んでみる。こうした流れは、肉体改造のトレーニングプログラムや、年齢や性別を自在に変えられるアプリなどが人気となって現れている。最近では、若い世代を中心に美容整形は一般的なものとして受け止められる風潮にあり、ネガティブに時間を割くのではなく、ポジティブソースに変えて表現力を高めていこうという発想にシフトしつつある。人生という名の舞台で、場面に応じて最適な自己をいかにして表現するか、古い認識を捨て、セルフプロデュースや自己存在証明にもつながるこのような流れがあることをしっかり認識しておきたい。

《好みの仮説》

好きなことを追求し、それを得意技や独自性にまで磨き上げていくことが重要であると誰もが知っているが、実は自分は何が好きなのか分からないという人も少なくない。そんなときは、自分の興味や関心のあることを仮説検証していくように、様々なことにチャレンジしていく姿勢が大切である。とりあえずやってみる、買ってみるということが大切である。

企業活動においては、商品の質を高めることばかりに目を向けるのではなく、消費者に「好きかもしれない」と思ってもらうための仕掛けを考えてみることも必要である。顧客になってもらうためには、商品をライフスタイルの一部に組み込むことでその人の生活に新たな価値を生むことが重要である。そして繰り返し使ってもらうことで、消費者はその商品に対して愛着が湧き、質の良さを超えて、「好き」であることが消費者の選択にとって大きな判断基準になっていくのである。

第四章　未来へ

内なる自己

最終章となるこの章では、サバイバリストのサイコロジー、つまり、生き延びるための心理学について考えてみたい。

情報化社会の構造は、情報によって変化を受信して、そのことによって人々が行動を変えることにある。このことを前提としたとき、情報を受け止めるのは、脳内であるということから、情報を受けとめる「内なる自分」というものの重要性を、新しい社会心理学の視点として指摘したい。

ここまで、この本の中で、サバイバル・インテリジェンスとしての「擬態」について話してきた。

変わらなければならないと分かりながら、なかなか現実が変えられないなら、結局は変わったようなふりをしたり、変わったような話をすることによって、変化に新しい流れを作るということになる。我々ができることは、その流れに寄り添ったり寄与したり、流れの発火点になったりすることである。それが新

たな社会的潮流を形成するのである。いまコロナによってカオスが生まれ、既存の価値観が変化し、全てをゼロからスタートしてもいいチャンスと速度を与えられている。

一方で、コロナも、ウイルスのサバイバルでみると、生き延びるためになるべく目立たないように、弱毒化し、薄く存在するという方向にシフトしている。いるかいないかわからないくらいがちょうど良いという状態になってきている。これこそ「擬態」である。同じように我々は、擬態でとりあえず時を過ごし、生き延びる知恵を得て、その結果として自分たちが変わっていくということになるだろう。

コロナが少しの時間、ある特定の地域だけの話なら、やり過ごして辛抱することができるが、これだけ長い期間で広い地域に及ぶと、我々は否応なく、地球が一つであるということと、人類という一つの種であることを思い知らされた。今回のパンデミックは、様々な形をとりながら、旧概念を洗い落して、もっと手軽で身軽で生き延びやすい、生命体そのものである地球をシンプルなものとして認識しようと呼びかけているように見える。

我々は、地球がゴミだらけになったからと言って、どこか別の惑星で暮らせないかと宇宙探査に時間をかけるよりも、いまいる地球を外から見るということをしなければならない。外から見た地球は、宇宙から見る自己発見のプログラムと言える。誰かが宇宙から地球を見たことや感じたことは、それをニュースで見て、実際に見たような気になって、自分も変わっていくということができる。情報が新しい心理を形成するための道具として機能するようになるのである。

インターネットを見ただけで処罰されるような国は、変化を拒否し、恐れている。他国の状況を知り、現実が変わってしまうのが怖い。情報を遮断し、理想を語れば、あらゆる現実を飲み込み、それが現実になることを利用している。我々は情報によって、知ったつもりになり、思うようになり、行動を変えている。そういう流れの中で、我々自身が、日々変化を体験している構造が見えてくる。情報心理学の視点からみると、あらゆるものがメディアとして再発見・再認識されようとしており、自分たちが意識しなくても我々は変化していくし、その流れを感知し、素直に受け止めていくことで、旧概念を捨てやすく、変わりやすい体質になることができるのである。

生き延びるための行動と心理の学問は、心と思いはどう変わるのかという問いである。見た気になって、やった気になって、情報が道具となって、仮説と仮想が変わり、現実の行動が変わる。仮想が現実になり、現実が新しい仮想というようなメタバースの世界を我々は生きる。我々の現実は、心理的なシナリオによって価値づけられている。そうした現実の変化を促す体験の積み重ねが自分自身の力になっていく。そういう意味で、新しい情報心理学の着地点としての自己変革の大きな要因は情報であり、そう思うようになった自分自身である。原因も結果も自己、新しい未来を開くのも自分というところに着地する。

そう思うようになることで現実化するとは言っても、それには時間がかかる。変化の回数が多いほど思いは高まる。変化を繰り返し、やがて変身するというと突然変異のように見えるが、実際は、体質が中側から徐々に変わっていくようなゆっくりとした変身を遂げることになる。

脳内コントロール

いま、ヘルスケアの分野では、腸活が注目を浴びているが、もう一つ、全身脳ということにも目が向けられている。言うまでもなく、脳は全身のコントロールをしている。

生きようという気持ちや気力や気迫といった「思い」で行動が変わるということである。その気があればできるとよく言うが、長寿社会で元気に長く生き延びようという気力は、社会の役に立つ原動力になる。サバイバル力は、気力の領域に寄るところも実は大きい。

小売社会の財産は記憶と言われている。記憶も気である。気がゆるむと記憶も乏しくなる。自己肯定感も気である。あれができないこれができないと、ネガティブな思考が支配すると気が弱る。気が弱ると現実が変わる。

東洋では全身が気であり、部分と全体は繋がっているという世界観である。西洋はそれが切り離された思想である。西洋医学では病気になると、病気の部位によって科が違い、それに合わせた薬を処方される。賛否あるワクチンについては、肯定的に考えている人には効果がある。要は、気を活性できるかということである。

暗い気分を明るい気分に変えようとよく言う。気分というのは感性的感受性である。暗い気分から明るい気分になるには、ある種のトレーニングが必要である。他者を責めたり、自分が責められていると感じたり、区分けした発想から自分を解放し、肯定力を磨くトレーニングが必要なのである。もともと日本人は自己肯定感が低いと言われており、限界まで行くと、ただ放り投げるしか

方法を知らない人も多い。

「幸せホルモン」と言われるセロトニンという脳内神経物質が気をコントロールすると言われている。セロトニンの分泌を促す方法は科学的に確立されていて、その方法は、気の不調を防ぐことに役立つ。

方法の一つは、日光を浴びるということである。北欧の人々は、日光を浴びることを『サニー&アクション』というプログラムとして身に付けている。

一方日本でいま急増しているのが「社会的うつ」という問題である。コロナ禍で、自宅で仕事をすることが多くなり、対面で人と会うことがなくなって、孤独感や孤立感を深めたり、時間ができたことで、仕事やプライベートで抱えていた問題に気づいて気分が落ち込んでしまう人が増えているという。実際、否応なく始まった新しい変化に戸惑い、変化を不安と捉えてしまうということもあるだろう。しかし自宅にばかり閉じこもって、日光を浴びる時間が少ないということも少なからず影響しているのではないだろうか。

セロトニンは、精神の安定や安心感や平常心、頭の回転をよくして直観力を上げるなど、脳を活発に働かせる鍵となる脳内物質である。日照時間が短くなる冬季には、セロトニンの分泌が低下するということで、「冬季うつ病」という疾患もあるくらいである。

セロトニンの分泌を促すもう一つの方法は、「第二の脳」とも言われるいわゆる「腸活」である。実はセロトニンの大部分は消化管に存在していて、腸の状態は、精神状態と大きく関係している。腸の働きは、自律神経によってコントロールされているため、ストレスが多いと自立神経の働きが乱れてしまうということである。バランスのよい食事や適度な運動によって、腸内環境を整えることで、セロトニンの分泌を増やすことができる。

三つ目は、意識的に脳を活動させることであるという。つまり、日常生活の中で、喜怒哀楽を意識的に出すように意識することで、セロトニンの分泌を促すことができる。ペットに触れたり、映画や小説、音楽に触れて、心が動く経験をすることは、人を肯定的な方向へ導いてくれるのである。いまの社会は、協働で何かをするというよりも、適当な距離感覚で、人と距離をとるようになり、家族や職場ではなく、一人ひとりが社会単位の主になっている。こうした現実の中で、なかなか新しい変化を体質化できない人がいる。日ごろからこうした心を動かす訓練をしていないと、変化をチャンスと肯定的に捉えることはできない。

さらに、別の脳内神経伝達物質であるドーパミンは、我々の「やる気」に大きく関わっている。この物質は、やる気や幸福感を得られるだけではなく、運動や学習、感情、意欲などの心の機能に大きく関与していると言われている。ドーパミンの過剰分泌は、過食や飲酒、喫煙、ギャンブルなどへの依存のメカニズムに陥る可能性があり注意しなければならないことは知られているが、この過剰分泌を抑えるのもセロトニンの役割である。

ドーパミンの分泌を促進するのは、達成しやすい目標を掲げる、好きな音楽

を聴きながら作業する、適度にタンパク質を摂取する、新しいことに挑戦することであるという。笑顔で元気で前向きである人、何でもやってみる人というのは、無意識にしろ意識的にしろ、そういうトレーニングを日頃からやっている人である。

我々は、こうしたコントロールホルモンによって内側から変化に対応している。まさにこの情報を受け取ることによって、明日からあなたの行動が変わり、脳内に新しい変化が起きて、そのことによってまた、新しい情報から変化を受け入れ、行動を変えるという連鎖を起こすことができるのである。

他者批判の着地点は、結局は自分である。政治が悪いとか、社会が悪いと言っていては何も変わらない。自分はどうなのかという問いこそスタートになる。

サバイバル・インテリジェンスの原点は直観である。屁理屈を言っていると遅くなる。直観の時代に言い訳はいらない。変えられるのは、自分と未来だけである。この章では、自分と未来を変えるためのヒントを挙げてみる。

【自己と未来を変えるためのヒント】

《地球学》

現代社会のサバイバリストの方法論として筆頭に挙げられるのが、多くの社会学者なども指摘しているように、「学習」に対する高い意欲だろう。全ての人が生涯学習の徒であるという認識を中軸に置き、年齢を問わずに学び続ける姿勢が重要である。さらに、地球全体を一つの家族として捉えるような新たな人類学、あるいは地球学もこれからの時代認識として重要である。限定された利便性や効率を超えた「地球益」のために何をすべきかを考える、これは企業の取り組みとして重要である。地球学の必要性を強烈に実感した人たちが、未来に対して発想する新たな人類として立ち上がってきている。

《命の学習》

コロナの変異に追われて、次に別の感染症の拡大が起こった際の対応につい

御手洗祭

ての議論は進んでいない。いま重要なのは、これまでの体験を「命の学習」として生かせるかどうかである。コロナ禍を経て変化した現在の生活スタイルは、もはや多くの人にとってベーシックなものとして定着しつつある。

生命や安心安全を最優先とする社会へと進む中、過去に戻るという発想ではなく、新たな生活様式の中でいかに心地よい生活を送ることができるか、そうしたサービスが求められている。そのため、企業も生命や地球環境、また居住空間に関連する商品やサービスを強化し、そこに対して投資していくことが重要である。どうすれば自分たちの企業の強みや特徴と「生命」を重ね合わせることができるか、新たな発想やアイデアを打ち出していくことが求められている。

《共鳴のテーブル》

姿形の美しさやそこから感じられるセンスといった表層的な部分に対する「共感」が従来の軸足とするなら、「どのように考えるか」という内実的なところまで深めたのが「共鳴」である。「共鳴のテーブル」は、小さな単位とプロジェクトの中から発生する。一人ひとりが「私はこう思う」と自らの発言に独自の考えと責任をもつ。そして、考えの交流が重要と認識する人たちが集まり意見を出し合っていく。これが本来のビジネスプロジェクトのあり方である。

どこにいても仕事ができる現代社会において、単なる作業の構造では、人が集まる理由にはならない。それぞれの考えを交流させ、コアとなる部分に深みをもたせていく、それがシンク・クラブというような「共鳴のテーブル」の考え方である。あなたが参画する組織やプロジェクトは、どのような考えをもって集まったのか、そこに回帰する時が訪れている。

《未来発想支援》

世界中でダイバーシティが浸透し、違いや個性を融和させながら社会を作っていく構造が広がっている。そうした流れの中で、米国でカマラ・ハリスが副大統領に選ばれた初の女性であり、初の黒人であり、初の南アジア系米国人であることの意味は大きく、彼女の存在そのものが新たな未来を支援することにつながっているともいえる。

未来社会に向かって新しいことをスタートさせ、次の社会を作ろうという人たちの背中を押すことこそ、我々に課せられた役割である。今こそ、平均主義的な価値観を押し付け、個性を奪う存在から、夢や希望を持って果敢に挑戦することを応援する存在になろう。事業やサービスにおいても、こうした潮流を後押しするような仕組みが求められている。

《恥の旅人》

ビジネスシーンでもしばしば引用される『論語』の中に、「自らの振る舞いに恥を持てる人」が立派な人、リーダーシップがある人だと解釈できる記載がある。自分自身の言葉や行動に対して恥を持てるということは、客観的な視点

で自らを律することができるということである。

過去の成功体験に固執している人は、当然ながら変化に対応することができない。今までのやり方で出世したからといって傲慢になったり、自分のやり方が絶対に正しいと思ったりしていては、さらなる成長は望めない。「これで恥ずかしくないか」「井の中の蛙になっていないか」、どのような立場になってもフラットな新人の気持ちを忘れず、素直で謙虚な姿勢を持ち続けることが大切である。

《フレッシャーズ・スピリット》

どんなにキャリアを積んでいても、過去の成功や価値観に縛られてしまうと、それが重荷になって足を引っ張ることがある。新たなことをスタートする際は、常に新人の目線や謙虚さをもって、ゼロベースシンキングで行なっていくことが必要である。その意味で「フレッシャーズ・スピリット」は『過去をもたないこと』の重要性を表したキーワードである。未知のことに対して不安になったり躊躇したりするのではなく、むしろ経験がないこと自体がストロングポイントになる。それによって自由自在な発想や行動が生まれ、積極的に新しいことにチャレンジしていくためのエンジンとなることができる。

事業やサービスを継続するために、フレッシャーズ・スピリットをもって、新しい目線を入れながら見つめ直してみる。従来の価値観や方法論に対して、常に批判的思考をもってジャッジすることが求められている。

《セルフ・プロジェクション》

未来の社会をどうしていきたいか、未来の自分がどうありたいかといった理想や目標を掲げることによって、いま、自分が何をすべきかが明確になる。

未来の理想の自分を現在の自分に投影していくように、逆算的に考えて判断や行動を起こしていく、そうしたことの大切さを表したのが「セルフ・プロジェ

クション」である。

企業活動でも個人の行動でも、問われているのは、自らの中に明確なミッションやビジョンがあるかということ。思いや考えもないまま、ただ目の前の作業をこなしているだけでは、理想の社会は訪れない。たとえＡＩやビッグデータなどテクノロジーのさらなる発展によって、これからの社会や人の動きがある程度予測できるようになったとしても、それをより良い社会の実現に活用していくといった強い思いがなければ、その価値も無駄になってしまう。

理想の未来社会を現実のものへと引き寄せる、その原動力となるのが自らの信念や目標設定である。未来に対して理想をもち、意図をもって社会の流れや方向性の舵取りをしていく、そのことの大切さをこのキーワードは教えてくれる。

《アーティスティック・アンサー》

多様性の時代に、その主役になるのは個人である。違いや独自性が重視される社会において、何に問題意識を感じるかは一人ひとり異なり、当然ながらそれに対する答えも異なる。

芸術家や研究者、アスリートのように、自らの興味関心に対して自由に、そして果敢に取り組み、人生の豊かさや幸福といった生き方に対する自分なりの答えを追求していく。それこそが「アーティスティック・アンサー」のもつ意味である。

正解のない時代だからこそ、他者とは違う独自のクエスチョン&アンサーが求められ、その濃度を高めるために自己哲学や体験学習が必要になってくる。そして自らのパーソナリティを磨いていくことが、結果として他者への貢献につながっていく。人生に一〇〇年という時間が与えられた一方で、コロナによって人々が集まって何かすることからの解散が命じられたいま、一人ひとりがより自由自在になることで、チャンスメーカーとしての可能性はさらに膨らんでいる。事業やサービスにおいても同様で、何をミッションとし、先行性や限定性も含め、どのような独自のアンサーを打ち立てていくか、その本質が問われている。

《インタンジブル・フィロソフィー》

コロナの影響により、我々の働き方やライフスタイルは大きく変化した。国内では遅々として進んでいなかったテレワークやオフピーク通勤への転換もその一つである。

急激な変化に追いつくのが精一杯という人も多いかもしれないが、本当に重要なのは取り組みそのものではなく、その内側にある哲学や考え方であるということを忘れてはいけない。テレワークなど、いくら仕組みや方法が変わっても、あなたが情熱を持って取り組むミッションが変わることはない。人々の価値観や幸福感が以前とは大きく異なる現在において、根幹となるのは商品やサービスではない。まず哲学や考え方があり、それを伝えるために商品やサービスがあることを忘れてはならない。

《私への逃亡》

誰もが他人と同じであることが求められた社会から、現在は自分らしさを追求する多様性社会へと移行している。その中で、コロナの影響によって、多くの人が、自分は「何者になりたいか」を探るための時間ときっかけを与えられたのではないだろうか。

「あるがまま」を超えて「ありたいまま」、素敵だと思う自分や面白いと思える自分をイメージして演じてみせる、いわば「演劇化社会」が到来している。何者でもない私を何者かにしていく、そのために必要なのが自己の選択である。周囲の意見や価値観に流されることなく、人生は自分でチョイスするという認識を強く持っておく必要がある。

自分でやりたいと思えることを明確にするためにも、常に興味学習や体験学習の意欲を持ち続けていることが大切である。興味は外側に存在するように見えて実は内在するものであり、それゆえに自らへの問いかけが必要である。社会が大きく変化している今こそ、行き先の分からない放浪の旅ではなく、明確な「ありたい私」に向かって進んでいく旅に出発しなければならない。「私への逃亡」は、そのことを後押しするキーワードである。

《一人革命》

生涯をかけて難民援助などに取り組んできた緒方貞子さんの生き方から見えてくるのが「一人革命」というキーワードである。彼女が何を伝え、何を遺したか、そこに学習と伝播がある。自らが主体となり、未来に向けた新たなスターターとして行動し発言をする。たった一人でも、それが連鎖することにより、高いニュース性やインパクトを持って世界中に広がっていくのが情報社会の特徴である。

「一人革命」には、他人や周囲の環境、年齢や性差などは関係なく、また行動しない理由は何もない。問われているのは「あなたはどうするのか」ということである。前例がない時代をどのように生きていくか、自身の生き方が明らかになった時、暮らし方や働き方も明確になっていく。

一人革命はたった一人から始める未来、あえていえば「私が未来」ということである。そのためには、自分の中に最も信用すべき自分という存在がなければ、圧力や束縛に対して一歩も引かずに果敢に立ち向かっていくことはできない。

一人ひとりが自立し、自由に生き、そして社会に貢献できるようになる、そのことを緒方貞子さんの生き方からも学びたい。

《晴れ間の美学》

社会が大きく変化するときには、未知のことに対して積極的に仮説検証を行っていくことが求められている。

新たなチャレンジが上手くいかなかったとしても、人の指示でやらされたことではなく、自分で考え、熱意がこもった行動であれば、それは大いなる体験学習となり成長の養分となる。

その行動や判断が失敗か、あるいは成功への足掛かりとなるかは、自らの心持ちとその後の行動次第である。もはや失敗か成功かを分けて考えること自体が過去の認識である。大切なのは、自らが掲げたミッションをやり切ったかどうか、心の中が晴れ晴れとしているかを問いかけることが必要であり、そのことを表したのが「晴れ間の美学」である。

日頃から物事をポジティブに捉え、プラスに転換していくトレーニングによって自らを「挑戦体質」へと磨き上げることが求められている。

《第三の青春 願望社会》

中高年世代が人生を謳歌することを第二の青春などといったりするが、それに対して「第三の青春」とは、コロナという共同体験学習をした人たちが世代や性別、国や地域などを超えて集まり、青年の眼差しと志をもって社会を考え

RAKUEN

ていくということである。世界中で立ち上がった人たちが「見えざるキャンパス」で出会い、共に理想を語り合う新しい仲間として連鎖しながら知恵を出し合う。そして、小さくてもいいから社会の役に立ちたいと願うソーシャルプレイヤーとなって、これからの未来を再創造していく。これこそが第三の青春のもつ意味である。物が不足していた「物理的欲望社会」から、物は溢れたが心が満たされない「心理的願望社会」へと移行する中、どのような理念や願いをもって未来へと進んでいくか、そうした自らへの問いかけやモチベーションの再策定も含めた「第三の青春 願望社会」が到来している。

《シニア・メソッド》

人生一〇〇年時代という新たな社会構造を迎えた現在、世界中で最も重要な研究課題の一つになっているのが高齢社会への対応である。中でも、すでに超高齢社会に突入している日本の取り組みは、世界規模の社会実験といえるほど

清水三年坂美術館

注目を集めている。そのような状況において、シニアが新たな価値の創造者として登場してきているという認識をもつことが重要で、それを表したのがこのキーワード「シニア・メソッド」である。

「平均寿命」「健康寿命」に続いて「幸福寿命」という言葉が出てきているように、いかに生涯を自分らしく生きられたかが問われている。年齢を問わず果敢に挑戦し、脱皮を繰り返すようにして新たな人生を再出発していく、そうした生き方にスポットが当たることこそが長寿社会の特徴である。

長く生き続けることは、すなわち回数化を促進するということである。サバイバルした良い知恵は何度も活用し、洗練された美意識は繰り返し磨いていく。長寿によって得られた知見や方法論が、一つの整理軸として顕在化してきている。長く、自分らしく生きることをシニアの価値観としてではなく、それを超えた社会の価値観として理解しておく必要がある。

〈最新のイマジナスからのピックアップワード〉

「イマジナス」は、谷口正和が時代のトレンドをキーワードにまとめて咀嚼し、関連する事例を整理した情報分析サービスとしてお届けする一週間単位のメディアです。一週間に発信されるあらゆる情報と、自らビジネスの最前線に身を置きつかみ取った情報を束ねて、直観分析しています。

▼境界の住人

以前までは、平日は都会で働き、休日の息抜きとして地方に旅行するのが定番だったが、リモートワークが定着したことで、現在は旅先などで仕事をする人も増えている。都会と田舎、リアルとバーチャルなど、相反する2つの世界で自分を演じ分けるのではなく、その両方が入り混じったポジションに立つ、それが「境界の住人」である。これはあらゆる場面で使えるキーワードで、例えば自分あるいは自社の「長所」だけを押し出すのではなく、「短所」も隠さずに出していくことも大切だということである。それによって共感の輪が広がり、また自らの得意技で他者に貢献し、逆に苦手とする部分ではサポートしてもらうといった助け合いの関係性も生まれてくる。自己解決能力の強化と共に、相互支援を後押しするようなサービスが求められていることも、このキーワードは教えてくれる。

▼小さな始め方

あらゆる分野でパラダイムシフトが起き、社会の価値観が劇的に変化する現在においては、これまで上手くいっていたような方法や認識が通用しなくなりつつある。今こそ、闇雲に拡大を追いかけていた経営から脱却し、あらゆるものを『ミニ』へと転換していくことが求められており、そのことの重要性を表しているのが「小さな始め方」である。

小さく始めるためには、従来の一般的なマス発想を捨て去り、より「個人」にフォーカスしていくことが大切である。企業活動においては、個客を丁寧に観察し、一人ひとりの意見にしっかりと耳を傾ける。顔の見えない大勢に向けてではなく、少数であっても本当に必要としている人、困っている人に向けた商品やサービスが求められている。そしてあなた自身も「気づきの感度」を高めていくことが大切であり、自らの内側にある思いや気づきが新たなビジネスの種になっていく。身近なところにある課題に対して、小さく細かく速く仮説検証を回していく。企業にとっても個人にとっても、課題解決力を高める重要なキーワードとして「小さな始め方」を認識しておきたい。

▼ハグタイム

コロナのパンデミックによりデジタル化が一気に加速し、人々の生活や働き方はますます便利になった。その一方、例えば不安や孤独を感じる人が増加するなど、新たなストレスや悩みが増えたという人も少なくない。そうした中で浮かび上がってきたキーワードが「ハグタイム」である。

新しいライフスタイルが生まれると、それが要因となって新たなストレスが発生することもある。だからこそ、事業やサービスに「セラピープログラム」というようなケアの仕組みを搭載することが強く求められる。利便性の追求だけでなく、それと同時に人々の心理に寄り添い、優しく包み込むような安心や温もり、リラックスが感じられるサービスがますます重要になっている。ライフスタイル全般に癒しのエッセンスが求められている潮流をこのキーワードから認識したい。

▼ブレンドマーケット

リユースやリサイクルなど地球環境に配慮した「Ｒｅ」のプログラムが促進されているが、それは環境問題に限った話ではない。使い古されたような商品やサービスでも、何か別のものと掛け合わせることによって、全く新しいものへと生まれ変わり、それが新たな市場として拡がっていくことがある。その意味で「ブレンドマーケット」は、新たなアイデア方程式によって生かし合うことを促していくキーワードと見ることができる。

今すでにあるものの価値をしっかりと見つめ直し整理すること。あなたにとってはガラクタでも他の人にとっては貴重なものであったり、また身近にあるがゆえにその価値が見えづらくなっていたりというケースは少なくない。そうしたものも、新しい掛け算によって注目度が高まり、真新しさを持って発信されれば、唯一無二のものとして選別優位性が高まり、若年層などこれまでにはなかった層を獲得することにつながることがある。物理的な新しさだけでなく、既存のものを上手く使っていくためのルールや方法に対しての新しさを見出していくことが求められている。

▼本場感投資

気軽に旅に出ることが難しい現在において、いかにして旅先の魅力が感じられる要素を商品やサービスに落とし込むかが重要になっている。そうした中で浮かび上がってきたキーワードが「本場感投資」である。自らのホームグラウンドに「本場の風」を吹かせるための事業やサービスが求められている。

例えば、物や映像だけでなく、香りや音など、現地の雰囲気を五感で感じられるサービスやコンテンツなどを積極的に活用していくことも一つの方法である。このことは、企業だけでなく個人の活動としても同様である。それぞれが旅先で得た学習効果を今度は地元に還元する。体験という土産を地元にお裾分けするような発想が求められている。コロナによって行動拠点としてのホームの重要性が一層高まる中、「本場感投資」の重要性をしっかりと認識しておきたい。

▼レッテルはがし

新しい変化が次々に起こる今の時代において、従来の価値観や固定観念で物事を判断することが一番の足かせであり、それによって分断や衝突も生んでしまう。イメージで決めつけるのではなく、現実を直視して判断や行動していくことが大切であり、そのために必要なのが「レッテルはがし」である。

企業活動においても、これまでの認識によって顧客を決めつけたり区分けしたりするのではなく、ターゲットの周辺にいる人やグループに対してもしっかりと目を向けていく。また商品やサービスも、従来にはなかった使用方法を提案する。そうしたゼロベースの柔軟性や自在性が新たなビジネスのヒントになっていく。過去のレッテルやステレオタイプから脱却し、全く色がついていないメガネをかけることで見方や景色が変わり、新たな可能性が見えてくる。

▼Z移住

モノからコトへ価値観が変化する中、都心から離れて自然に囲まれた田舎の生活にシフトする人も増えつつあり、物やお金による豊かさの追求よりも、人や環境を含めた心理的・精神的な豊かさが求められている。そうした傾向は、特に Z世代など若者において顕著に現れているといえる。

モノの時代は、多くの人が価値を認めるような高級品を身にまとうことで自己表現をしていた、いわばモノが主役の時代だった。しかし現在は、モノをできるだけシンプルにして、自分自身を主役として磨き上げていく時代。モノに語らせるのではなく、自らの思考や行動によって自己表現をする時代へと移り変わっている。「Z移住」のキーワードは、単に物理的な移動だけを指しているのではなく、その背景にある心理や価値観において豊かさの変化が生まれていることを表している。

▼ネイキッドストリーム

情報社会によって、これまで国や組織が隠そうとしていた部分も透けて見えてしまうようになっている。五輪においても、アスリートの姿に感動する一方、その裏では政治に利用されたり、一部の組織だけが大きな利益を得る仕組みだったりと、一体誰のための五輪なのかという声も聞こえてきた。そうした中で浮かび上がってきたキーワードが「ネイキッドストリーム」、いわば、裸の付き合いのように本音や真実のコミュニケーションを強く求める流れが顕在化してきている。企業による発信においても、自分たちに都合がいいように情報を操作したり、言葉巧みに取り繕ったりするのではなく、時にはマイナスになるようなことでも隠さずにさらけ出すことが大切である。そうした姿勢によって、受け手側の中にも応援したいという気持ちが生まれ、共感の輪が広がっていく。同様に個人の働き方でも、強みだけでなく弱みも隠さずに見せていく。立場や肩書などといった余計な衣を捨て去り、謙虚になって周囲の人たちに教えを乞うといった純粋さも必要である。素の自分を磨いていくことの大切さをこのキーワードは教えてくれている。

▼ヒアリングガバナンス

プーチン政権のウクライナ侵攻に対して、ロシア国内でも侵攻に反対する人々が各地で抗議活動を行っている。しかし、政権はそうした異論を抑え込もうと参加者の多くを拘束したという報道もある。他国や国民の声を聞かず、対話がなくなってしまえば、状況は悪化していくばかりだ。こうした「対話」は外交だけでなく、ビジネスをはじめ、あらゆる場面で重要な要素である。意見が違うからといって排除するのではなく、その中から自分に足りない部分や、プラスになるような気づきをすくいとっていく姿勢が大切である。必要なのは、相手を言い負かして論破することではなく、対抗概念をのみ込みながら複合性を磨いていくこと。それによって、新たな落とし所としてのアイデアやイノベーションが生まれてくる。

事業やサービスにおいても、提供者側の発想だけで進めていくのではなく、受け取る側の声を拾い上げていく仕組みが重要である。自分の中の「受け取り方を改革していくことで、批判やクレームも貴重なアドバイスとして変換・活用できるようになっていくのである。

▼嗅覚の時代

答えのない時代において、求められるのは「まずやってみる」という判断力と行動力であり、そのためには今後どのような変化や流れが現れるかを嗅ぎわけ、進むべき方向を直感的に感じ取るための能力が必要である。自分の嗅覚に自信がなければ、いつまでも選択や決断ができず、現状維持の状態から抜け出せなくなってしまう。だからこそ、日頃から情報の受信と整理のトレーニングによって嗅覚・直感力を鍛えておくことが重要である。

業種や業態といった枠組みにとらわれることなく様々な分野の情報に目を配り、現場の声に耳を傾け、そこから小さな変化の芽を拾い上げていく。そうしたことを積み重ねていくことで、判断の的中率も高まっていく。あなた自身あるいは企業活動の中に、嗅覚を鋭くするための仕組みや方法論が搭載されているか、そのことが問われている。

▼マインドリッチ

物に囲まれた豊かさを求めていた時代から、現在は心の豊かさ、いわば「マインドリッチ」に対するニーズが高まっている。人々は、憧れの有名人・著名人に対しても、見た目の部分に惹かれているのではなく、その人の生き方や考え方といった内側に惹かれている。また、働く企業を選ぶ際も、企業の規模や認知度で選ぶというよりも、コンセプトやヴィジョンが自分の考えに合っているかどうかを優先的要素として選択するようになっている。特に若年層では、個人の経済的な裕福さ以上に、社会や環境に対する裕福さといった公共性に重きを置き、そうした事業活動にこそ満足感ややりがいを感じている。物の時代から、マインドとスピリットの時代へ移行する中、「美しさ」に対する意識も外側から内側へと向かっていることを理解しておく必要がある。

▼趣向のグルメ

サッカー日本代表のワールドカップ出場が決定したことを各メディアで大きく取り上げられた一方、テレビの地上波で中継されなかったことも話題となり、無料放送がなくなることで子どもたちがサッカーに触れる機会が減り、競技人口の減少につながるといった懸念が出たという。わざわざお金を払って見ない、「にわかファン」や「ミーハー」などネガティブな呼ばれ方をするが、市場を成長させていくには、実はそのような人たちの存在が欠かせない。そこで浮かび上がってきたキーワードが「趣向のグルメ」である。

あらゆる事業やサービスは「一見さんお断り」のような閉ざされたコミュニティではなく、むしろ多くの人の興味を惹きつけるような仕掛けやメニューをもち、誰もが気軽に試せる入口を用意した「覗き見クラブ」になるための創意工夫が必要なのである。自分が何に興味があるのか分からない、好きなことが見つからないと悩む人も多い中、少しの興味・関心であっても気軽に接点を持てるためのプログラムを搭載することが求められている。

▼自活の王国

ロシアによるウクライナ侵攻なども踏まえて、いま問われているのは「自立・自活・自由主義を生きよ」というメッセージではないだろうか。国や組織に依存していると、自分に決定権を持つことができず、ただ言われたことに振り回されてしまうばかりである。今こそ自分自身を基準にし、自由自在に生きていくという認識が必要である。自ら立ち上がれず自己解決できない人は、どんなに苦しんでいる人がいても救いの手を差し伸べることはできない。だからこそ、一人ひとりが専門性を高め、各自が解決できる領域を持つようにする。

小さくても自立することによって、自分だけでなく、周囲の他人も助けることができるようになっていく。これからの社会で生き残る、強い組織やコミュニティを作っていくための方法論としても、このキーワードを認識しておきたい。

▼ディスタンスイノベーション

パンデミックによって社会は大きく変化したが、その代表的なものの一つが「距離」である。リモートワークが急速に進んだ他、ゲームやコンサートのライブ配信など様々なエンタメもホームグラウンドにいながら多くの人と共有できるようになるなど、「距離」に対する概念が次のフェーズへと進んでいる。

その一方、それによって孤独や孤立を感じる人も増え、そうした人たちへのケアなど新たな課題も浮かび上がっている。大切なのは物理的な距離ではなく、気持ちや心理面の距離をいかに縮めていくか。ビジネスにおいても、例えば自由に旅行できない状況であれば、自宅にいながら現地を感じられるような「気分」を重視したサービスを提供する。それによって顧客の「好き」という思いはますます強くなっていく。いかにして優れた「気分」を提供するか、そのことが問われている。

▼こじんまり作戦

大量生産・大量消費の社会から脱却し、よりシンプルで洗練された質への転換が求められている。「何をプラスしていくか」という過剰を生み出す発想にストップをかけ、むしろ「何を減らしていくか」という発想へとシフトしていく。これはビジネスをはじめ、あらゆる分野でも同様である。「見た目や機能性はほどほどでもいいから、それ以上にコンセプトに着目する」という人が増えつつある中、無駄を省いたよい意味での「こじんまり」の追求によって、コンセプトや本質に磨きをかけていくことが重要になっている。

課題解決の出発点となるのは自分自身であり、身近なところにこそチャンスの芽があるという認識が大切である。「個人」が軸足となる時代のキーワードとして「こじんまり作戦」を加速させていくことが求められている。

▼ルートイノベーター

このキーワードの「ルート」は「根っこ」の意味であり、課題が見つかった際、その表面だけを見るのではなく、背景や根っこの部分までしっかり観察することが重要である。例えば、事業の中で人手が足りなくなった場合も、単に人を増やすだけでは問題の解決にはならない。まずは今までの方法を見直して、それら全てが目的達成のために必要なことか、無駄なことに時間や人手が取られていなかったかなど、本質的な部分に目を向け考えるきっかけにすることが大切である。根本原因はどこにあるかを見つけ出し、その上で解決策を講じることこそが、本来の意味でのイノベーションに他ならない。生活者に対しても、表面化された困りごとを解決するだけでなく、その内側に潜む根本原因に対してアイデアを出していくことが求められている。

▼異名を持つ街

人が集まる街には、必ずしもランドマークになるような明確な観光スポットがあるというわけではない。人によっては、そこにいるだけで文化を感じ、雰囲気を味わうことができるという特徴を求めてその場を訪れるというケースもある。それはつまり、他にはない魅力や違いの面白さに惹きつけられて集まっている。大切なのは、独自な「場」の力を磨き、個性や特徴を明確に発信していくこと。人を呼び寄せるために、他所にもあるような施設を新たに作っても、結果として本来持っている特徴をボヤけさせてしまっている可能性もある。

まずは自らの足元を見つめ直す、あるいは俯瞰的に見ることによって、すでに持っている個性や特徴にスポットを当てることに注力することが大切である。

あなたの街に異名をつけるとしたら何か、そうした一点集中のキーワード・象徴性が求められている。

▼二人目の私

近年、様々なメディアで「メタバース」の話題が取り上げられ、注目度が高まっている。ゲームやライブなどのエンターテイメントの他、テレワークが進む中で仮想空間に社員が集まることで孤独感の解消につながるとの期待もあるなど、ビジネスシーンでもメタバース事業に力を入れ始める企業も出てきている。

誰でも気軽に使うような本格展開にはまだ時間がかかるといわれているが、今後さらに進展していく中で、リアルとバーチャルの垣根はますます薄れていくだろう。それによって、リアルな自分と同じくらい、バーチャルな自分、いわば「二人目の私」の存在感が大きくなっていくことが予想される。実際、すでに、リアルではなくバーチャルな自分へ投資するという人が出てきており、自らの「分身」に対する比重が高まっているという時代の流れをしっかりと認識しておく必要がある。

▼エンドレススタート

変化の激しい時代において、現在の事業やサービスを永遠に続けていくことや、今持っている技術やスキルだけで一生食べていくことは困難である。だからこそ、常に変化対応していくことが大切であり、そのことを表したのが「エンドレススタート」である。

人も物も、長く生きるにはその中で何度も修復・修繕を繰り返したり、新しい要素を取り入れたりと、再出発するためのリボーンプログラムが欠かせない。価値観が大きく変化し、あらゆるものをゼロベースで考え直していくことが重要となる中、現状に満足せず、新たな学びを連続してスタートさせることによって、変化社会に対応するサバイバビリティを獲得することができる。

生活者の学習に対するニーズがますます高まっているいま、企業においては一人ひとりの「エンドレススタート」を後押しするためのサービスが求められている。

▼共感応援団

組織や企業がスポンサーとなって応援していた時代から、クラウドファンディングなどをはじめ、一人ひとりが共感する人や企業、あるいは活動に対して応援する時代となった。誰もが「共感応援団」となる中、これまで以上に大切になるのが「まずやってみる」という思考である。

自分がやりたいと思っている事業が少数の人にしか求められていなかったり、あるいは同じ悩みや課題を持つ人が少なかったりしたとしても、その思いに対して共感してくれる人が必ずどこかに存在する。しかし実際に行動や発言をしなければ、誰からも見つけてもらうこともできず、応援も得られない。

「たいしたことはできないから」「個人的な動機だから」と自らにストップをかけず、もっと気軽に挑戦することが可能になった時代だからこそ、個人も企業も、臆することなく、しっかりと自らのポリシーや哲学を掲げていくことが必要である。

▼勇気のバトン

これまでは、企業やブランドが、自分たちの価値観や社会的スタンスを主張することは、誤解や批判を招くとして敢えて避けていたところも多かったかもしれない。しかし、ＳＤＧｓに始まり、社会課題に対する関心が高まっている現在において、「何も言わない」という姿勢は、かえって批判を招くリスクになることもある。

今こそ、自分たちがどのような思いで立ち上がり、何をもって社会に貢献する企業であるか、そして様々な社会課題に対して、どのようなスタンスであるかを勇気をもって宣言することが大切である。

企業として、何を発信し、どのような活動によって、未来の社会に対してバトンをつないでいこうとしているのか、企業に対する生活者の目線は、そのことに向けられている。そしてそれに共感した人々こそが、サポーターとしての顧客となっていく時代が来ているのである。

▼息をする時代

「働き方改革」が推し進められている一方、未だにしっかりと休みが取れていない人も少なくないが、大切なのは、ただがむしゃらに走り続けることではなく、しっかりとインターバルを設け、それまでの過程を反芻し、そしてそれを活かしながら進んでいくことである。一人ひとりが創意工夫によって自由時間を確保する、そしてその時間をどう過ごすのか考えることが問われている。

また、このキーワードの「息」には、そうした「ひと息」つくことの大切さと共に、「ため息」の意味も含まれている。SNSを通じて日頃の愚痴や鬱憤を吐き出す人も少なくないが、生活者の不満やため息は企業にとって課題発見の大きなヒントである。新たな事業を立ち上げたり、既存のサービスをよりよくしたりするための重要なカギになる。生活者が無理をせず「ひと息」つけるようサポートし、そして「ため息」を見逃さないようアンテナを張っておく、「息をする時代」への対応が求められている。

おわりに

現代社会におけるサバイバル・メソッドは、自らの頭で考え、自己に投資し、変化に柔軟に対応する自在性を身につけていくことである。

変化のスピードの速さと、未来の不確実性が重なって、現時点で生き残る方法は、「擬態」という中間プロセスをとらざるを得ない。今後我々は、本当に生き延びたい、危機を回避したいのであれば、自らの意思と責任において立ち上がり、古い社会構造から脱皮しなければならない。

そのことに気づいた人々の、ますます高まっている自己解決能力への欲求に対して、それを支援するための新しいプログラムが既存の事業やサービスに求められている。

コロナのパンデミックを乗り越えて、社会が大きな転換点を迎える今こそ、現状維持から脱却する時であり、強い信念を持って、自らの意思による判断や方向転換ができるかどうかが問われている。

すでに様々な場所で、課題解決に取り組む決意やミッションをもった個性が立ち上がり、それらが集合・集積されることによって、社会全体に革新的な風土が生まれつつある。

ロシアの軍事侵攻をうけて、国防の強化やエネルギーの自立についての議論が活発化し、世界中もいま大きく変わろうとしている。そうした中で、強い信念を持って大胆な「歴史的決意」と言えるような意思決定を各国が迫られている。

世界中で大きな変化が起こる中、自分だけ、日本だけは変わらなくていいということはない。

私たち一人ひとりが夢や理想、目標達成に向かって柔軟に変わり続ける「サバイバル・マインド」を持ち続ければ、未来は開けると信じている。

谷口正和

四条通り
Shijo-dori

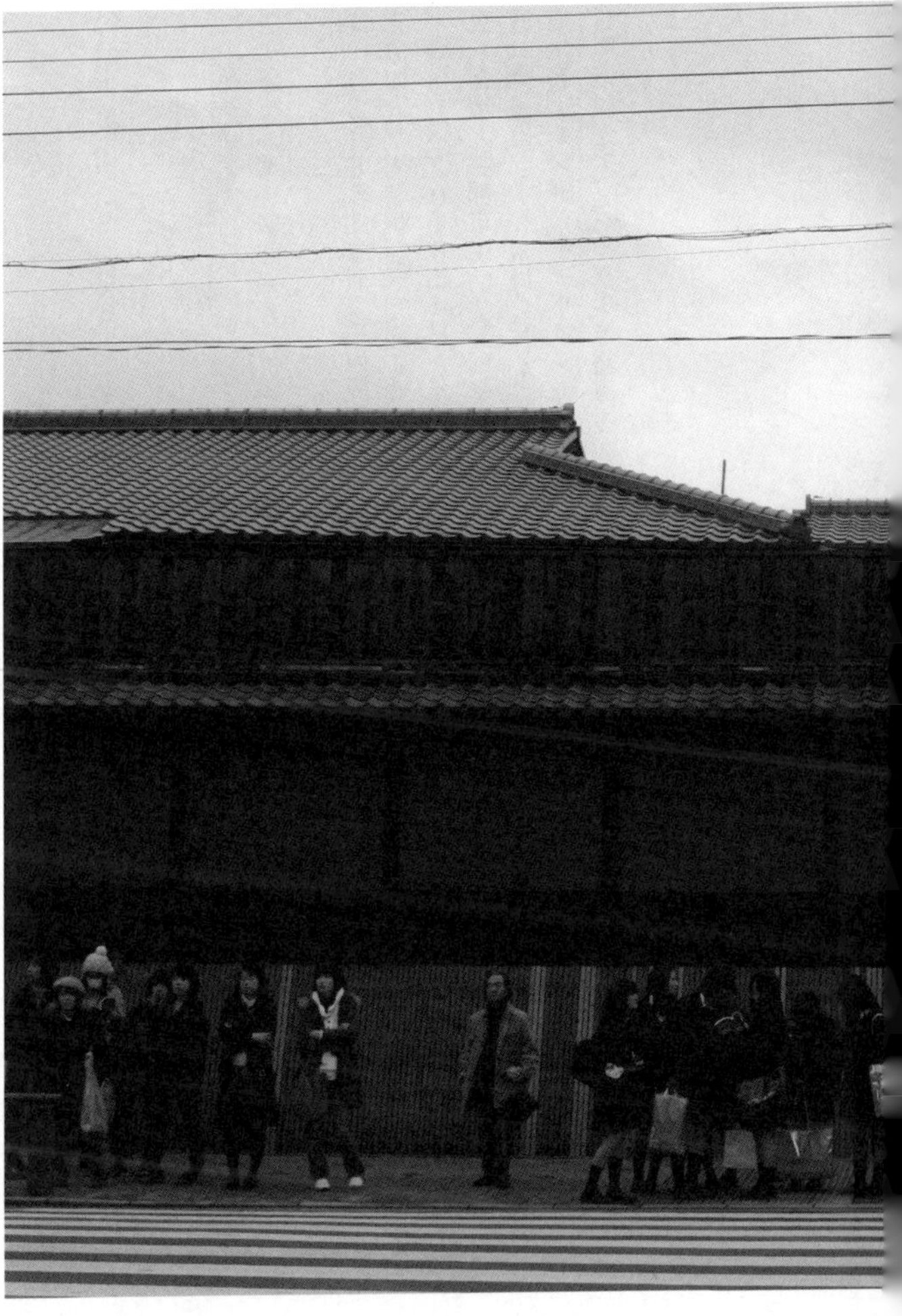

谷口　正和（たにぐち　まさかず）　*Masakazu Taniguchi*

マーケティング・コンサルタント
株式会社ジャパンライフデザインシステムズ 取締役会長

1942年京都生まれ。武蔵野美術大学造形学部産業デザイン学科卒業。
立命館大学大学院経営管理研究科感性型マーケティング担当教授（2003年4月～2013年3月）／客員教授（2013年4月～2020年3月）
東京都市大学都市生活学部創学アドバイザー・客員教授（2009年4月～2013年3月）
武蔵野美術大学評議員（2015年4月～現在に至る）
桑沢デザイン研究所デザイン専攻学科ワンデーミッション講師（2010年4月～2022年3月）
石垣市観光アドバイザー等務める。

生命、生活、人生の在り方を問う「ライフデザイン」を企業理念そのものとし、地球と個人の時代を見据えて常に次なるニューモデルを提示し続ける。コンセプト・プロデュースから経営コンサルテーション、企業戦略立案、地域活性計画まで幅広く活動。

独自の情報共有のプログラムとして、時代を週単位で直観分析し続けている週刊「IMAGINAS(イマジナス)」は、ウィークリー情報分析誌の草分け的存在。

モノや技術ではなく、思想・哲学・表現・文化など精神的な価値が優先した新マーケット・パラダイム『文化経済』市場を見据え、20年前から多種多様の業種業態が混合した学習共有会として「文化経済研究会」を発足し、会員制ワークショップとして運営。また、地域社会と歴史、地域社会と環境といった、地域特性という文化的価値を発見する江戸美学研究会・ハワイ・ライフスタイル・クラブ等のクラブマーケティングを実践。興味関心を深堀する同好の志の共学の場として、クラブエコノミーという概念を稼働させるプログラム事業を運営。さらに、自らの故郷・京都で始めた千年の歴史的視座に対する研究室として、「構想の庭プロジェクト」を主宰する。

イマジナス：次なる構想力を求めて ▼ 新しいコンセプトワーク

IMAGINAS

次なる構想力を求めて　新しいコンセプトワーク
「イマジナス　IMAGINAS」

　絶え間なく変化し続ける感性型時代の中で、ソーシャルトレンドの発見は、次なるビジネスの創造に他ならない。そこに広がるビジネスは、無限の可能性を秘めている。「イマジナス」は、一週間に発信されるあらゆる情報に加え、ビジネスの最前線に身を置きつかみ取った情報を束ね、直観分析したソーシャルトレンドを谷口正和が３つのキーワードにまとめて咀嚼し、関連する事例を整理して分析サービスとしてお届けする一週間単位のメディアです。年50回、毎週月曜日の朝に配信いたします。

■会員特典
谷口正和の著書を無料贈呈
配信：毎週月曜日午前９時　メール（ＰＤＦファイル添付）またはＦＡＸ
年間購読料：５万円（税別）、〈トライアル版〉・〈学割版〉あります
体裁：カラーＡ４判４枚

■お問合わせ先
株式会社　ジャパンライフデザインシステムズ
IMAGINAS 編集部　緒方
東京都渋谷区南平台町15-13　帝都渋谷ビル　〒150-0036
Tel：03-5457-3033　Fax：03-5457-3049　E-mail：fp@jlds.co.jp

クラブマーケティング　CLUB Marketing

「素敵な時間の過ごし方」をキーワードとした、特定の興味軸からなるマーケティング事業。それぞれのクラブに興味があるメンバーを集めて活動しています。会員に主体的に楽しんでいただけるよう、ウェブサイトやＳＮＳを通した情報発信に留まらず、イベントや出版活動を通してより広い接点を生み出し、新しいマーケット創造にチャレンジしています。

■ハワイ・ライフスタイル・クラブ https://hawaiilifestyle.jp/
ハワイに魅了された人たちの日常の中にアロハの風を届ける活動と情報発信、グッズ制作・イベント企画

■江戸美学研究会　https://edodesignlab.stores.jp/
江戸文化の美意識をデザインやライフスタイルなど多様な角度から研究し、現代に活かす術を発信

LIFE DESIGN BOOKS

谷口正和の本

http://www.jlds.co.jp/book/

Concept Walk

これまで出版した約一〇〇冊の書籍から、現在においても新たな発想と気づきのヒントとなり得るものを再整理し一冊にまとめた。40年間続けてきた谷口正和のコンセプトワークの結晶である。

■判型：四六判　■総頁：223頁
■定価：2000円（税別）

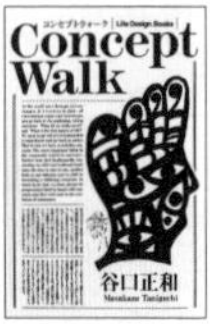

EMPOWERMMENT
エンパワーメント・プログラム

エンパワーメントとは、すでにあるものをリポジションし、もう一度力を与えること。人々が理想の未来に向かってエンパワーメントするエネルギーをどう引き出すかを考えるためのアイデアノート。

■判型：新書　■総頁：171頁
■定価：700円（税別）

Half & Half Revolution
二分の一革命

コロナ・パンデミックという世界的カオスの中から我々がどう立ち上がり、次のパラダイムのために、どのように行動すべきなのか。そのヒントとして、すべてを二分の一にするという視点から未来像を模索する。

■判型：新書　■総頁：211頁
■定価：700円（税別）

What's resource
何が資産か。

自分の価値は社会化されて初めて気づく。社会化された知見と美意識は、新しい未来を手繰り寄せる。今こそ自縄自縛の殻を打ち破り、自己資産の戦略的運用に取り掛かろう。

■判型：新書　■総頁：１６６頁
■定価：７００円（税別）

溶解する社会
Free Style Shift

日本型ビジネスモデルが内部崩壊（溶解）し、破壊的創造が繰り返されている今、働き方の再構築が始まった。場所を問わず、自在に流動しながら働くこれからのワークスタイルを紐解く。

■判型：新書　■総頁：１９２頁
■定価：７００円（税別）

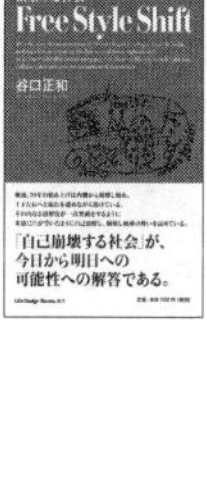

１００年の旅人

人生１００年時代、創造的に面白く暮らしたい。そのための生き方革命が始まっている。絶好のチャンスがやってきた。あなた自身の興味と好奇心に導かれ、冒険と発見の旅立ちへ。

■判型：新書　■総頁：１８７頁
■定価：７００円（税別）

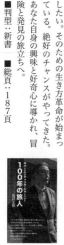

構想の庭

1000年先、どのような社会が訪れるのだろう。その「構想のヒント」を得るため、各界を代表する12人のオピニオンたちをインタビュー。彼らの言霊から紡ぎ出される未来社会に迫る。

■判型：新書　■総頁：304頁

■定価：1000円（税別）

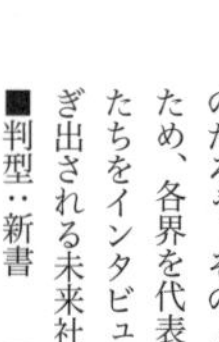

旅化する社会
Tourist Society

変化し続ける社会、生活者自身もまた変化している。「観光」という概念を「移動と交流」に認識転換させたとき、これまで見えていた風景は一新し、新しい社会の姿が浮かび上がってくる。

■判型：四六判　■総頁：280頁

■定価：2000円（税別）

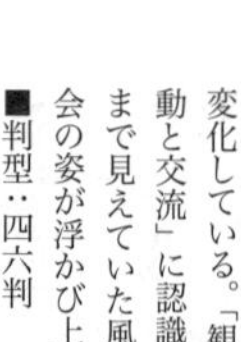

文化と芸術の経済学

特徴が文化となり、文化が芸術となる。個性の時代の対話力。21世紀の経営は文化と芸術を足場に、その継続力の中にある特徴への着目が問われる。あなた自身が商品である。

■判型：新書　■総頁：177頁

■定価：700円（税別）

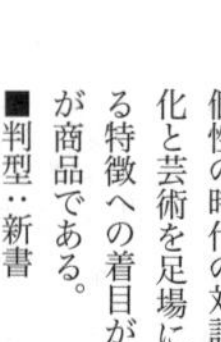

動態視力

すべてのものは動いている。すべてのものは変化している。ライフスタイル全体を見渡すアスリートのごとく、周囲の環境にコンマゼロ秒以下で対応していかなければならない。

■判型：新書　■総頁：192頁
■定価：700円（税別）

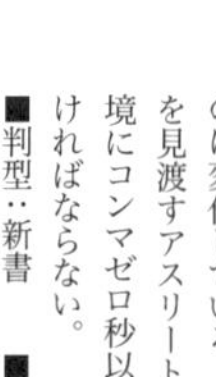

2020新しき革命

2020年に向けてスポーツのみならず観光、芸術、産業、生き方までもが変化しつつある。次なる地球社会のあるべき姿を示すメディア交差点としての役割を我々日本人が引き受けている。

■判型：新書　■総頁：194頁
■定価：700円（税別）

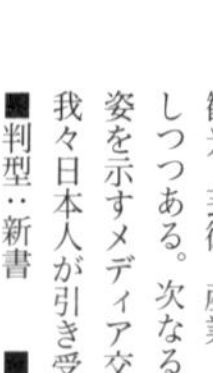

幸福の風景

物質社会に疲弊した今、生活者の要求は物理から心理に軸足を移した。日常の最小単位にこそ幸福の芽があるということへの着眼が求められている。未来を照らすライフデザイン構想。

■判型：新書　■総頁：198頁
■定価：700円（税別）

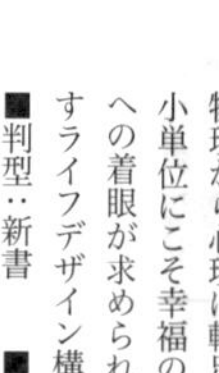

ライフデザインブックス新書